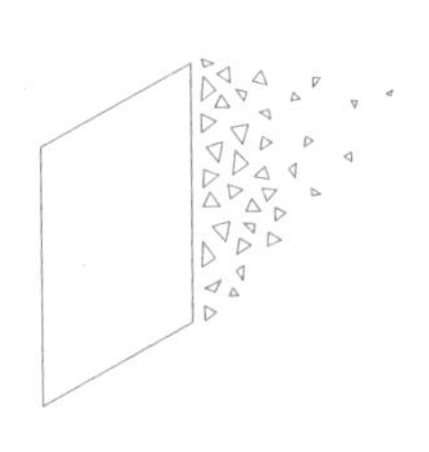

我就是道路、真理、生命，若不藉着我，
没有人能到父那里去。

与登山宝训一同默想的

效法基督365

看哪

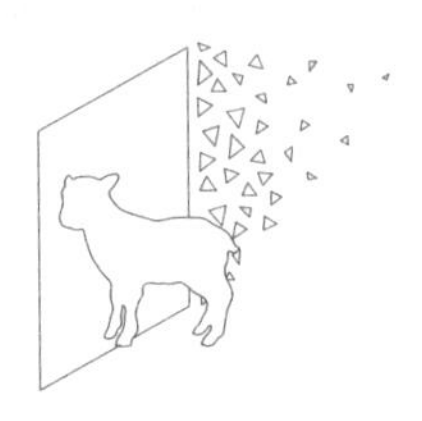

비홀드

序

这世上最大的奇迹，就是上帝的儿子耶稣决定住在我们里面。祂儿子住在我们里面，使我们效法祂的形象。效法基督的人生，不是源于我们自身的渴望，乃是住在我们里面的耶稣植入我们心中的。

记得很久之前，我第一次读《效法基督》时，怀着颤抖的心夜不能寐。追随早先效仿仁爱之主并奔跑的信仰先贤留下的踪迹，我也将此书视为良朋益友，至今仍放在身边每日阅读。

《效法基督365》把平信徒阅读起来多少有些

负担的原著内容整理为篇幅，以便每日进行默想，确是值得感恩的一本书。再加上，与主教导的登山宝训一起收录，更增加了其恩惠的重量。

总之，我恳切祈求这本书能成为所有信徒“在黑暗世界中活出光的信仰向导”。

“上帝爱世人，甚至将祂的独生子赐给他们，
叫一切信祂的，不至灭亡，反得永生。”

约翰福音3章16节

朴宝永牧师·仁川马可的楼祷告院院长

效法基督属于你的365日的说明书

本书旨在每日默想《效法基督》和登山宝训(马太福音5-7章)的话语

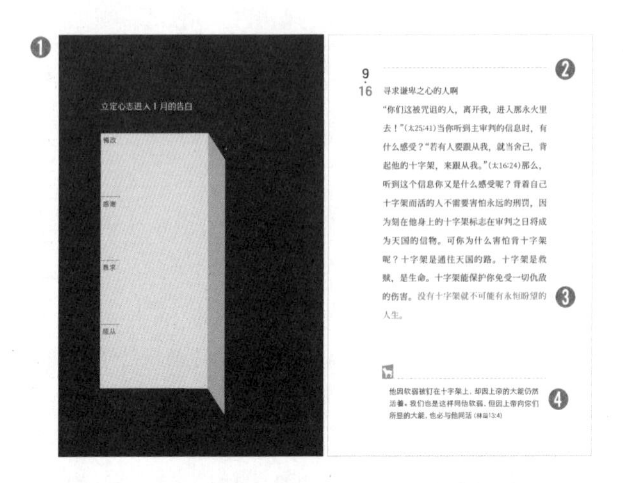

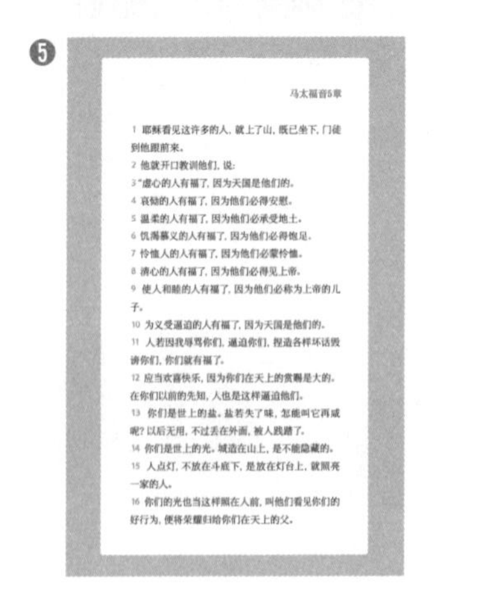
❺

马太福音5章

1 耶稣看见这许多的人，就上了山，既已坐下，门徒到他跟前来。
2 他就开口教训他们，说：
3“虚心的人有福了，因为天国是他们的。
4 哀恸的人有福了，因为他们必得安慰。
5 温柔的人有福了，因为他们必承受地土。
6 饥渴慕义的人有福了，因为他们必得饱足。
7 怜恤人的人有福了，因为他们必蒙怜恤。
8 清心的人有福了，因为他们必得见上帝。
9 使人和睦的人有福了，因为他们必称为上帝的儿子。
10 为义受逼迫的人有福了，因为天国是他们的。
11 人若因我辱骂你们，逼迫你们，捏造各样坏话毁谤你们，你们就有福了。
12 应当欢喜快乐，因为你们在天上的赏赐是大的。在你们以前的先知，人也是这样逼迫他们。
13 你们是世上的盐。盐若失了味，怎能叫它再咸呢？以后无用，不过丢在外面，被人践踏了。
14 你们是世上的光。城造在山上，是不能隐藏的。
15 人点灯，不放在斗底下，是放在灯台上，就照亮一家的人。
16 你们的光也当这样照在人前，叫他们看见你们的好行为，便将荣耀归给你们在天上的父。

❶ 内室告白 | 进入内室，将新的一月献给上帝，立定心志来到祂面前。记在“悔改·感谢·恳求·顺从”一栏中。

❷ 记录线 | 活用上下线自由记录今天一天的默想，决心，计划，祷告题目等。

❸ 一日一默想 | 已标记出每日当抓住的钥句，愿标记出属于你的句子。

❹ 每日1 经句 | 有助于深入默想。

❺ 登山宝训 | 收录了马太福音5-7章全文。放在书的最后，便于每日轻松打开阅读。

❻ 书签 | 请将封面的两翼末端剪掉，用作书签。

现在不是用语言而是用生命显明基督徒的时候，

为效法基督而每日争战，

希望藉此带来生命的恢复和见证。

“若有人要跟从我，就当舍己，

背起他的十字架，来跟从我。” 太16:24

PART 1

效法基督

为了每日过敬虔的生活

竭力虔心进入窄门

1

不是依照你的基准或顺着你的心意而行，
而是“如果是耶稣，祂会怎么做？”
“祂喜悦的是什么？”
如此深入默想和祷告后再行动

立定心志进入 1 月的告白

悔改

感谢

恳求

顺从

渴慕圣洁的人啊

要得着十字架，跟随基督！如此，必得着永远的生命。因基督在十字架上的受死和复活，为我们开辟了一条通往永生的道路。现在，你当效法基督，背起你的十字架，并死在十架之上。你若与基督同死就必与祂同活；若有份于基督的苦难，就必和祂同享荣耀。十字架就是一切。你要信靠它直到死的那日。除了十字架的窄门之外，没有通向真和平的道路。即或那道路看起来非常安全和宽阔，若你随心所欲的走在其上，它无法引导你进入永生。即使按照你的意志和判断，所有事情都有序进行着，痛苦也不会止息。要进窄门，若真的遇见了十字架，就不得不进入这窄门。

因为十字架的道理，在那灭亡的人为愚拙，在我们得救的人却为上帝的大能（林前1:18）

1.2 渴慕圣洁的人啊

遇见基督的人如同发现了最贵重的宝贝。基督是最宝贵的，祂超越世上的任何事物。失去祂，比失去世上的一切更可怕。没有找到基督的人，是世上最穷乏的人，遇见祂并靠祂恩典生活的人是最富有的。常常心怀谦卑与众人和睦，主必与你同在。务要圣洁敬虔度日，主必住在你里面。你到底渴慕与谁同在？渴慕与谁建立亲密的关系呢？如果答案不是“耶稣基督”，那么你的人生将十分悲哀和黯淡，因为走向世界的脚步，便是驱赶住在我们里面的主。

天国好像宝贝藏在地里，人遇见了就把它藏起来，欢欢喜喜地去变卖一切所有的，买这块地（太13:44）

渴慕圣洁的人啊

应当思想，我们现在是多么忽视信仰。我们正在迅速失去对救恩的感动，只听道，却不愿意在生活中活出祂的话语。变得太懒惰，甚至连活着都感到厌烦，但你千万不要这样！你要铭记虔诚先贤们的信心生活，跟随他们的脚踪走在这条路上。现在是只要不犯罪，就能获得掌声的世代，无须顾念他人，只要做好自己的事情就会被称赞的世代。但你获得掌声之处应该是天国，而不是世界。

只要你们行事为人与基督的福音相称（腓1:27）

1.4

渴慕圣洁的人啊

如果你过真正的信仰生活，就会心意更新而变化，良善的内在会自然而然显出良善的行为。那么，你怎么样呢？是否比起内在，更注重外在显出来的一切呢？请记住，我们的上帝是看人内心的上帝。无论你在哪里，务要圣洁，须将一切的荣耀归给上帝。在操练敬虔上诚实，单单依靠主的敬虔之人，若某一天忽略了敬虔的操练，便渐渐对世界产生兴趣，最终他会怎么样呢？也许很快就会回到曾经堕落的旧生活中去了。我们也一样，放松警惕的时候就会堕落。如果对敬虔操练感到厌烦或懈怠，就会给罪留地步，你便会遭灾祸。那时候，无论怎么努力，也很难再回到恩典的位置了。

不可给魔鬼留地步（弗4:27）

渴慕圣洁的人啊

“顺服基督的生活”是最重要的，而你现在最需要的也是“顺服”。不要试图主宰自己的人生，选择顺从真正的主人耶稣吧。许多人对顺服表示不满，以灰心为由，不愿意顺服。但是，若不全心全意地服从，谁都无法得享平安。你非常清楚，自己可以随心所欲地活，但若不服从权威，就无法享受真正的安息。不逃避服从权威之时，便是真正的幸福到来之时。要让基督成为你唯一的主人，并且单单顺服这位真正的主人。

祂既得以完全，就为凡顺从祂的人成了永远得救的根源（来5:9）

1.6 渴慕圣洁的人啊

渴慕通过基督的安慰得到补偿之人，与花钱所雇之人有什么不同呢？一个只为自己谋取利益的人，是为了私欲利用基督之人，他唯恐爱基督胜过爱自己，从而权衡和计算。我们为什么不能爱基督胜过爱自己呢？为什么只是为了得到好处，而在主身边徘徊打转呢？在这个世界上，我想看到不求任何回报、完全真实的属灵人，就是不被受造物辖制，完全自由，全然虚心的人，我想遇见这样的人，他们究竟在哪里？

现在你们要敬畏耶和华，诚心实意地侍奉祂（书 24:14）

渴慕圣洁的人啊

苦难会追随你到最安全的避难所让你饱受煎熬。即使像保罗一样去过三层天，也无法摆脱这痛苦。主说："我也要指示他(保罗)，为我的名必须受许多的苦难。"(徒9:16)所以，你现在为了主耶稣当接受苦难和治死老我。你若愿意爱主并侍奉祂，苦难就会常伴你左右。你越是为了基督，越会遭受更大的苦难。请做好每天向着己死的思想准备，死在十字架上，这才是真正活在基督里的原则。如果你因着耶稣之名承受更重的苦难，这将是你的荣耀，也是你的喜乐和福气。这时，你的信仰将取得巨大进步。

弟兄们，我在我主基督耶稣里指着你们所夸的口极力地说，我是天天冒死 (林前15:31)

1·8

渴慕圣洁的人啊

铁被扔进熊熊燃烧的火中，锈就消失，铁就会发出光来。就像这样，回转来到主面前的人，脱去懒惰的锈迹，便会成为发光的新人。然而，就其本质而言，人绷紧的状态稍一放松就讨厌劳苦，只求安逸。所以，我们必须常常舍己，只有这样，才能刚强壮胆地沿着基督走的十字架之路前进，才能重新承担曾经不顺从的事情。你也曾罗列许多理由放弃十字架。现在不要再辩解了，否认自己吧。若真想效法基督，就立即高举那十字架。

于是，叫众人和门徒来，对他们说："若有人要跟从我，就当舍己，背起他的十字架，来跟从我"（可8:34）

渴慕圣洁的人啊

在基督面前，如果不破碎自己的固执，彻底痛悔，任何人都无法完全得到属天的安慰。“在床上的时候，你们要在心里思想，并且要安静。”（诗4:4 新译本）今天默想这段话语时，你当进入内室，并寻求一颗痛悔的心。那么，捆绑你的罪恶锁链必将断开。若你从开始过信仰生活就维持“内室信仰”，它必将成为你特别的朋友，带给你极大的安慰。内室，越寻找，就越发爱慕；越不寻找，就越想逃避。

你祷告的时候，要进你的内屋，关上门，祷告你在暗中的父。你父在暗中察看，必然报答你（太6:6）

1.10

渴慕圣洁的人啊

爱基督和祂真理的人，是不会感情用事的，他们的心总是向着主，所以得享平安和喜乐。他们看重的是天上的智慧，而不是人的美言善意，无论何时何地主都与他们同在，所以不受任何特别地点和时间的束缚。艰巨困苦的事情不会成为使命的障碍。他们不跟从世界。能够掌控周围发生的事情，而不被其左右。不被难以理解和固执己见之人的行为所动摇或影响。如果你现在动摇了，请记住，原因不在于他人，而在于你自己，你真正的问题在于不依赖主、不爱主。

倚靠耶和华的人好像锡安山，永不动摇（诗125:1)

渴慕圣洁的人啊

当你被人指责时，有什么反应？显然，我的缺点被指责是一件既气愤又羞愧的事情，但同时也是一件大好事，因为通过这些经历，可以学习谦卑。通过自身的缺点让自己降卑，变得谦逊，这种人的特征如下：住在主的保护之下；不被任何事物束缚，自由自在；经历主更大的爱和安慰；抚慰和安慰别人；即使被轻视，也以主的恩典为荣；即使在苦难中也能享受平安。因为我们的上帝向谦卑之人显明祂的奥秘，并就近这样的人。如今无论被谁指责，都当谦卑地接受。不要生气，反而要以自己没有谦卑的态度而感到羞愧。

但他赐更多的恩典，所以经上说："上帝阻挡骄傲的人，赐恩给谦卑的人"（雅4:6）

1.12

渴慕圣洁的人啊

如果你在乎死后的结局，现在就会竭力过更完全的生活。如果你把地狱极重的痛苦放在心上，不管面对任何试炼都不再惧怕，反而会更加忍耐。不幸的是，很多人被世界的甜言蜜语吸引，不思想天国和地狱，对死后的世界漠不关心，为什么呢？因为这个灵魂已经失去了生命力！因此，在你失去生命力之前，请谦卑来到主前恳求，那么，主就会赐下恩典和启示，让你回转到祂面前。

世界的末了也要这样。天使要出来，从义人中把恶人分别出来，丢在火炉里，在那里必要哀哭切齿了（太13:49-50）

渴慕圣洁的人啊

敬虔的人在和别人见面之前，会先努力放下自己的忧虑。交谈时也留意不向对方透露自己的忧虑，因为深知言语对敬虔生活的影响力。我们若不特别注意我们的言语，即不保持沉默，就很难保持内心的虔诚。你真渴慕拥有心灵深处真正的平安，并与基督联合吗？那就要抛开外在的一切，操练沉默。在周围所有的事上保守住自己。如果连自己的心都无法保守，你将一事无成。

你要保守你心，胜过保守一切，因为一生的果效，是由心发出（箴4:23）

1.14

渴慕圣洁的人啊

你不会因为人的称赞而变得更圣洁，也不会因为人的指责而变得更污秽。你现在的样子就是真实的自己。你不会比主所看见的你更好。在基督里追求认识自己吧，那就不会被任何事物所左右。世界看外表，但耶稣看“内心”；世界看结果，但耶稣看“动机”。请务必把你的心和所有动机对准基督。

…不要看他的外貌和他身材高大，我不拣选他，因为耶和华不像人看人，人是看外貌，耶和华是看内心（撒上16:7）

渴慕圣洁的人啊

当以清洁的心来到基督面前，但若非主的恩典，这是不可能的。我们可以在恩典中做任何事情，如若错失了这恩典，你就会变得和以前一样软弱，以孤儿的心活得痛苦不堪，或许你此刻正处在这样的光景中。千万不要灰心或放弃，静默赞美主，等候祂的旨意，恳切寻求主的恩典。在这艰难的时刻，主必定作我们的拯救。

耶和华啊，求你施恩于我们，我们等候你。求你每早晨作我们的膀臂，遭难的时候为我们的拯救（赛33:2）

1.16

渴慕圣洁的人啊

所有拦阻你悔改的来自世界的安逸，你当果断地斩断，尽快摆脱所有让你骄傲的意念。因为世界的安慰和骄傲的意念会不断地阻碍你亲近上帝，以至于无法变得清洁和圣洁。不要爱这个世界，要行上帝喜悦的事情。每天祈求主赐下谦卑和悔改的灵。当迫切渴慕"舍己"的生活。我们藉着所蒙的无价恩典与苦难的鞭策，不再立自己的义，并且将认识到自己的不足和虚浮。今天，感谢主的恩典，并且求主追究并惩戒你的罪孽。

我向你陈明我的罪，不隐瞒我的恶。我说："我要向耶和华承认我的过犯。"你就赦免我的罪恶（诗32:5）

渴慕圣洁的人啊

很多人只在没有任何环境时才爱基督，只在得到属天的安慰时才赞美基督。当自身的环境不合心意时，马上就会抱怨，陷入深深的失望中。与之相反，不求自己的益处，真正爱基督的人，过着在地如在天的生活。他们在艰难困苦中仍然高举主，即使感受不到基督的安慰，也不停止赞美和感谢。如此脱离私欲，向基督所存纯一清洁的爱，才是真正的能力！这份爱不会被任何东西玷污。

耶和华说：“我曾爱你们。”你们却说：“你在何事上爱我们呢？”(玛1:2)

1·18

渴慕圣洁的人啊

为着新郎基督当以纯洁美丽装扮自己，祂非常乐意与你同在。耶稣这样说："有了我的命令又遵守的，这人就是爱我的；爱我的必蒙我父爱他，我也要爱他，并且要向他显现。"(约14:21）基督使你富足，是供给你一切的那一位。因此，除祂以外，你的心不要被任何人事物占据。拒绝除基督以外的一切。遵守祂的话语并单单跟随祂，那么你将不再依靠人，永远与主同在。

我的佳偶，我的美人，起来，与我同去！（歌2:13)

渴慕圣洁的人啊

唯有合宜恰当的言辞才能造就人。然而，我们经常长时间谈论虚无缥缈、毫无目的的事情。如果不想在这些无意义的言语上浪费时间，就要常常警醒祷告。平时你在言语上没有节制吗？如果这样，那么你有个毫无益处和不正确的言语习惯，以致阻碍了你的灵性成长。请养成良好的言语习惯。虔诚的谈话不仅帮助我们在灵性上成长，还能让我们在基督里彼此联结，以基督的心为心。

口善应对，自觉喜乐，话合其时，何等美好（箴15:23)

1.20

渴慕圣洁的人啊

就近基督的方法是谦卑地从小事做起，而不是深入研究学问。这个世界罪行泛滥，人们深陷毫无价值的事情中，原因之一是他们沉醉于学问，而不是力图让生活变得美好。即使无数次呼喊“根除恶行，竭力行善”，如果不付诸于行动，我们将无法阻止世上的恶行、丑闻和不信。当审判的日子，不是按你知道多少，而是按你顺从多少，不是按你说的多好，而是看你活的多正，以此接受审判。

我的弟兄们，若有人说自己有信心，却没有行为，有什么益处呢？这信心能救他吗？（雅2:14）

渴慕圣洁的人啊

不要被挑衅的语言和似是而非的言辞所迷惑，当在基督的光中留心聆听人的言语。我们是软弱的，比起善言善语，我们更容易接受恶言恶语，并且受它的影响。然而，清洁的人不会轻易相信听到的每一句话。因为他很清楚人性的弱点是倾向恶的，而人的恶是通过言语显露出来的。当你无法判断言语的对错时，去找一位良善且有智慧的人寻求帮助。不要按照你的本性和软弱行事，要先求问主。

他用甜言蜜语，你不可信他，因为他心中有七样可憎恶的（箴26:25）

1.22

渴慕圣洁的人啊

有时，疑心或疑问会妨碍你认真阅读圣经，这时候不要计较圣经中的每句话，也不要试图争论，要原模原样地阅读并领受。不要只为了学术目的而阅读圣经，当存谦卑、清洁的心和爱慕主的心进行默想。圣经没有一节经文是毫无目的被记录下来的。若你真的渴慕真理，任何一节经文，甚至一个词，都能让你经历上帝活泼有功效的道。对上帝的话语存疑心和疑问之前，当在上帝面前屈膝恳求赐下信心。

上帝的道是活泼的，是有功效的，比一切两刃的剑更快，甚至魂与灵、骨节与骨髓，都能刺入、剖开，连心中的思念和主意都能辨明（来4:12）

渴慕圣洁的人啊

不能控制情欲的人很容易被试探，以至于迅速地将自己暴露在邪恶中，让自己的灵魂变得软弱无力，总是一心寻找那些刺激和感性的事物，结果连最小的事情也不能负责到底。若被人超越，你会感到难过，若被人管教，你会生气。如果这样随从情欲生活，你绝不能得享平安。只有强烈抵制涌上心头的情欲虚心生活时，才能拥有真正的平安。被虚妄的情欲所吸引之人不可能有平安，因为主的平安只赐给那寻求属灵事物的圣徒。

那些随肉身纵污秽的情欲，轻慢主治之人的，更是如此（彼后2:10）

1.24

渴慕圣洁的人啊

沙漠教父们严以律己，超世脱俗，常常火热祷告，甚至与罪争战到流血的地步。他们白天辛勤劳动，晚上祈祷礼拜。即使在工作的时候，心里也没有停止祷告。非常明智地利用时间，以免偷懒。他们不逃避苦难，遭到了撒旦的猛烈攻击。但在这个世代，人们为什么对沙漠教父的生活感到陌生和奇怪了呢？是他们的问题，还是我们的问题呢？

殷勤不可懒惰。要心里火热，常常服侍主（罗12:11）

渴慕圣洁的人啊

生命中最大的障碍之一就是被激情和欲望所束缚。每当这时，大部分人在发泄完自己的情绪和欲望后才后悔不已，而不是在情绪发动时试图加以控制。这样的人即使遇到一点点挑战，就容易灰心丧气，渴望得到身边人的安慰。他们在人生的战场上无法得胜仇敌，也无法战胜自己。你愿意在人生的战场上如勇士般昂首站立吗？那么向主求助吧！除此之外别无他法。

耶和华啊，求你帮助，因虔诚人断绝了，世人中间的忠信人没有了（诗12:1）

1.26

渴慕圣洁的人啊

不要对试探中跌倒的人指指点点，你不是也曾有过因试探而痛苦不堪的时候吗？与其鄙视他们，不如给予他们你当时渴望的温暖与安慰。当我们心里软弱的时候，信心摇动的时候，就容易陷入试探。尤其是粗心大意、意志薄弱的人，无论走到哪里都容易被试探，就像没有舵的船随风摇动。如果说试探还有益处的话，那就是当它来临时，能让我们看清自己信心的真面目。你看到自己信心的真面目了吗？

使我们不再作小孩子，中了人的诡计和欺骗的法术，被一切异教之风摇动，飘来飘去，就随从各样的异端（弗4:14）

渴慕圣洁的人啊

有时你会为穷人做善事，但无论多么好的事情，若不是出于爱就毫无益处。相反，无论多么微不足道的事情，若是出于爱，必定能结出硕果。因为主不是看我们“做了多么伟大的事”，而是看我们是否“以爱行事”。人生在世，我经常看到爱心人士多行善事。那些正确处理事情的人也是如此。正确处理事情的人是指比起自己，更重视共同体的侍奉工作，以此安排好优先顺序的人。你有爱他人的心吗？比起你自己的事情，是否更重视共同体的侍奉工作呢？

我若将所有的周济穷人，又舍己身叫人焚烧，却没有爱，仍然与我无益（林前13:3）

1·28

渴慕圣洁的人啊

你不要把自己都很难做出的改变强加给别人。在这一点上，你不也是无法理直气壮吗？你若愿意作完全人，首先要彻底改掉你的缺点。有些人对有人脱离他的控制从而获得自由而感到十分不快，试图将他们关在自己的围栏里，而自己却不想被别人管束。反思一下，你是否也在用这样的双重标准折磨着哪一个人呢？

你这假冒为善的人！先去掉自己眼中的梁木，然后才能看得清楚，去掉你弟兄眼中的刺（太7:5）

渴慕圣洁的人啊

若不是基督真理的话语，任何安慰都是空洞的。马利亚一直坐着哭泣，直到马大来说："夫子来了，叫你。"(约11:28) 就在主呼召的那一刻，绝望真的变成了希望。你能想象没有基督的生活吗？如果你想得到祂以外的东西，那真是愚蠢和虚妄，这比失去全世界更可怕。一个没有基督的世界能为你做什么？没有祂的生活犹如地狱。但如果你和祂同行，每天都在地如在天，任何人都无法伤害你。

马利亚听见了，就急忙起来，到耶稣那里去(约11:29)

1·30

渴慕圣洁的人啊

如果用一句话来形容基督的一生，那就是“十字架的苦难和死亡”。当我们思想挂在十字架上的主耶稣时，怎能只求安逸和享乐呢？但如果你说“我不会受苦”，那就是自欺欺人了。因为充满痛苦和无法避免死亡的人生，随时随地都会遇见十字架。一个有限的人怎么能脱离十字架呢？哪个伟大的圣人在地上没有十字架的苦难呢？“基督这样受害，又进入他的荣耀，岂不是应当的吗？”(路24:26）耶稣在世上每时每刻都在受苦，你为什么想成为例外呢？

不背着他的十字架跟从我的，也不配作我的门徒（太10:38)

渴慕圣洁的人啊

若与基督联合，住在祂的爱中，就不用再为自己的安乐而费力了；让人感到不自在的事物，不再觉得不自在，反而在苦难中也能欢欣鼓舞，因为基督的爱在催促和守护着。当你与基督联合时，将以纯洁的新妇为装扮，并被圣灵充满。但若你还没有向世界彻底死去，就将继续经历混乱和不快，直到你被装扮成新妇为止。因爱世界而玷污自己，实在是毫无价值。从现在开始拒绝世上的一切安逸，默想天上的事情吧。

原来基督的爱激励我们…（林后5:14）

2

不要试图做一些伟大的事情
就是现在，每一天，从最小的事开始
凭信心顺服
没有顺服就没有得救之道

立定心志进入 2 月的告白

悔改

感谢

恳求

顺从

顺从真理的人啊

如果你渴望脱离一切黑暗，住在生命的光中，就要非常细致地观察基督的一生，并按照祂所行的全然跟随。任何伟大圣人的教训都无法与基督的教导相提并论。一个遇到基督的人犹如找到了“隐藏的吗哪”。但遗憾的是，许多人仅聆听主的话语，却不愿意铭记在心，他们不渴望完全明白基督的话，也从来不愿意跟随祂，因为他们里面没有基督的灵。你跟随基督的真心如何？今天主也对你说：“跟从我。”

如果上帝的灵住在你们心里，你们就不属肉体，乃属圣灵了。人若没有基督的灵，就不是属基督的（罗8:9）

2·2

顺从真理的人啊

要控制自己的求知欲。世界上的知识不仅不能满足你的灵魂，还会使你偏离救赎之道。不管你多么才高八斗，若没有圣洁的生活，你的知识反而会让你接受更残酷的审判，所以不要夸耀自己知识渊博，反倒要恐惧战兢。你当意识到自己不可能无所不知，要承认自己的无知。为什么你一定要比别人知道更多呢？为什么要比别人更有教养呢？

有了知识，又要加上节制，有了节制又要加上忍耐（彼后1:6）

顺从真理的人啊

须深思即将到来的审判之日。那日，你将在公义的审判者面前毫无隐藏，对祂来说，贿赂以及任何的辩解都行不通。在胆战心惊的情况下被严厉责备，多么可怕啊！何况是站在对你的罪了如指掌的主面前呢？然而，你为何不为任何人都无法得到饶恕，也无法辩护的审判那日做预备呢？现在你能做的，也就只有以眼泪和叹息的祈祷来洁净自己。悔改吧！天国近了。

天国近了，你们应当悔改（太3:2）

2·4

顺从真理的人啊

圣经不是为了看起来优美而整理和修饰的文字，圣经也不是用流丽的语言写成的书。我们只有用灵去读圣经所写的一切话，才能明白真正的真理。你应该欣然乐意地阅读圣经。不管作者的文学才华或权威如何，都应该怀着热爱真理的心阅读它。你应该对话语本身感兴趣，而不是作者。上帝不偏待人，祂使用形形色色的人和各种各样的方式传达其真理。请记住，纵使世上的一切都消失殆尽了，但惟有主的话语永远长存。

因为："凡有血气的，尽都如草，他的美荣都像草上的花。草必枯干，花必凋谢；惟有主的道是永存的。所传给你们的福音就是这道。"（彼前1:24-25）

顺从真理的人啊

即使你没有亲眼目睹过某人的死亡也没关系，有一个非常重要的事实，那就是“你一定会死”，务必记住这一点。从今天开始，当你早上睁开眼睛，须思想“我也许活不到晚上”。并且，不要在深夜断言“黎明将至”。只须时刻警醒，不要让死亡夺去毫无准备的你。死亡会在意想不到的瞬间降临，就像我们的主再次降临一样。

上帝却对他说：‘无知的人哪，今夜必要你的灵魂，你所预备的要归谁呢？’(路12:20)

2·6

顺从真理的人啊

不要轻易向任何人表露你的心意。不向不成熟的年轻人或交情浅的人吐露心事，而是与敬畏上帝的智者分享心情。不要奉承富人，也不要乐于和他们相处。应当劝勉你遇到的每一个人，带领他们归向主。你只须为了主和祂的羊群这样尽心竭力，千万不要刻意讨好人，吸引人的眼光。人的亲密关系是有限的。没见到有好名声的人以前，总会浮想联翩，想象“他是多么好的人”，以至于被其吸引，一旦见到本人，看到其缺点，就会因为与想象中的差距而感到失望和讨厌，难道不是这样吗？所以，不要追逐名人，要与周围谦虚简朴之人、敬虔清洁之人进行有益的交谈和交往。

同那清心祷告主的人追求公义、信德、仁爱、和平（提后2:22）

顺从真理的人啊

回顾你的人生，来回答我的问题，那些因学术卓越而受到赞誉的伟人现今都在哪里？新人不是已经取代了他们的位置吗？就像这样，世界的荣耀转瞬即逝。许多人因为追随世间虚无的知识，从而不侍奉上帝以致灭亡。他们不谦卑作人，行事狂傲，在世间白活了一场。一个谦卑之人真是伟大，他不求这世上的名誉，视这地上的一切为虚空。只单单寻求基督，遵照祂的旨意而行，并且否定自己。正是这样的人才是有学识之人。

人的高傲，必使他卑下；心里谦逊的，必得尊荣（箴29:23）

2.8

顺从真理的人啊

若想摆脱恐惧，享受内心的平静，首先要果断地拿起斧子砍断罪恶之根。然而我们的实际情况如何呢？别说与罪争战了，就连起初遇见主时的热情和纯真也没能守住。我们决不能熄灭信仰之火。也许现在心里已经冷淡，只剩下律法的行为了，若果真如此，那就快快回头吧！如果对基督还留有那么一点初心，就可以重新点燃信仰之火。

然而，有一件事我要责备你，就是你把起初的爱心离弃了（启2:4）

顺从真理的人啊

人生中面临的试炼和苦难让我们受益颇深。苦难熬炼我们，并指教我们不要把希望寄托在任何属世的事物上。若你因行善受逼迫，那真是有福了，因为这样的经历保守你不至于骄傲。我们若只关注眼前所看到的事物，那原本满了痛苦的人生该多么悲惨啊！可是实际上我们过的是走向永恒天国的生活，所以今天也甘心乐意承受苦难吧。

原来我们不是顾念所见的，乃是顾念所不见的；因为所见的是暂时的，所不见的是永远的（林后 4:18）

顺从真理的人啊

有生之年，你当积攒天上不朽坏的财宝，只专注于属天的事物。效法古代圣贤的生活，他们的盼望在永恒的国度里。在这世上要过客旅的生活，不要干预和卷入世事。这世上没有你永远居住的家，这样反而能更自由地仰望上帝并继续前进。每天为你的灵魂叹息、流泪、祷告吧，这样就可以在迎接主的那日，满怀喜悦地投进祂的怀抱。你的人生中没有什么比"救恩"更重要。

他们却羡慕一个更美的家乡，就是在天上的，所以上帝被称为他们的上帝，并不以为耻，因为祂已经给他们预备了一座城（来11:16）

顺从真理的人啊

我们喜欢适当地保持距离，按照自己的感觉和意愿判断和定义他人。但不知道有多少次你所判断的并非是真的。你是经常评判别人的人吗？你是那种对人说话无所顾忌的人吗？论断别人不仅徒劳无益，而且是主所憎恶的罪。现在不要关注其他人，要反省你自己，这总是有益的。

他必以敬畏耶和华为乐，行审判不凭眼见，断是非也不凭耳闻（赛11:3）

2.12

顺从真理的人啊

即使是微不足道的东西，也要感谢主白白地赐予。感恩就像获得了享受的资格，能接受更宝贵的东西。无论它在你眼中看起来多么渺小卑微，都要视它为特别和珍贵。如果你深知施恩者的威严，就不会认为它们中的任何一个是微不足道的。有时，上帝赐的礼物是惩罚而不是恩典，你也要乐意接受，因为一切都在祂的主权之下。如果想住在上帝的恩典中，就要感谢祂所赐予的一切，并凡事忍耐。藉着祷告住在恩典之中，警醒、谨守和谦卑，以免错过恩典。

我拿什么报答耶和华向我所赐的一切厚恩？（诗116:12）

顺从真理的人啊

你不是来向这个世界发号施令的，相反，你是来服侍的。你蒙召是为忍受苦难，默默顺从，而不是为偷懒或浪费时间闲聊。正如炉炼金一样，我们都要被主熬炼，那时，若不全然使自己降卑在上帝面前，没有人能忍受那段时间。寻求上帝之外的其它事物的人、从未为救恩而苦恼过的人、从未为自己的罪痛悔过的人、以及不侍奉主的人，不仅在今生受苦，而且将永永远远受痛苦。

我熬炼你，却不像熬炼银子；你在苦难的炉中，我拣选你 (赛48:10)

顺从真理的人啊

当铭记我们信心先祖们的生活。他们以极大的热情建立了神圣的聚会，致力于祈祷和善行，竭力遵守了主的律例，顺从师傅的教导。他们勇敢地为主的荣耀而战，征服了世界，我们身边仍然留有许多他们圣洁生活的见证，而且他们的人生也成了榜样，得以归正我们松懈的信仰，并赋予我们与一切不义抗衡的力量。人们视世上成功人士为自己的目标，试图效仿他们的生活，但你必须例外，要单单跟随信心先祖们圣洁虔诚地生活。

因基督也为你们受过苦，给你们留下榜样，叫你们跟随他的脚踪行（彼前2:21）

顺从真理的人啊

你必须每天谨守警醒，重新立定心志，以确保对上帝的爱不至冷却。总要这样祷告“帮助我为主您的圣工做出正确的决定，就在今天，赐给我力量，并带领我开展那项事工。若没有您，我自己得到的成就都是虚空。”如果你很难每时每刻保持警醒祈祷，一天一次也可以，哪怕在你入睡前也要来到主面前，省察这一天的生活。

你们要恒切祷告，在此警醒感恩（西4:2）

顺从真理的人啊

要攻克己身，使之服从基督。放弃荣誉，忍受羞辱吧！接受蔑视，在任何逆境中都要经受得住。期待世上的昌盛，并不是圣徒要走的窄路。然而，如果你仍然相信自己胜于信靠上帝，你将无法完全胜任任何事情。要单单信靠基督，爱祂的十字架，那么，你就能披戴属天的能力，不仅如此，还和基督一同统治世界。你当以坚固的信心和基督的十字架武装自己，就不再惧怕撒旦。

将各样的计谋，各样拦阻人认识上帝的那些自高之事一概攻破了，又将人所有的心意夺回，使他都顺服基督（林后10:5）

顺从真理的人啊

如果你迫切渴望属灵的成长，就要敬畏上帝。不要任意放荡。操练自己在所有感官上有节制。避免那些徒劳和愚昧之事。要祈求哀恸之心，哀恸的心打开祝福之门，但放荡的心招致毁灭，真正有福的人是“哀恸”的人。这样的人是虔诚的默想者，他可以抛开自己的忧虑、罪恶和重担，真正的基督徒总是哀恸的。那你现在怎么样呢？若你没有哀恸之心，就好好看清自己的本相吧，那么你将别无选择，只能哀恸。

耶和华说：“虽然如此，你们应当禁食、哭泣、悲哀，一心归向我。”(珥2:12)

2.18

顺从真理的人啊

为什么你因为无法随心所欲，得不到想要的东西而发怒呢？在这个世上，有谁能拥有自己想要的一切呢？没有一个这样的人。但也有真正拥有一切的人，那就是为基督受苦之人。一个信心容易摇动的人总是会羡慕地说："看看那个人，多有钱，多么成功！"。然而，你要定睛于天上的财宝，不可摇动。那么你将会意识到谈论世上的财产和成功是那么没有价值。因为世间的物质与成功招致忧虑和恐惧，到头来只不过是沉重的负担。对基督徒来说，幸福不在于财产多少。如若懂得知足，那么一点点就足够了。一个真正的基督徒已经拥有了一切。

你不要嫉妒恶人，也不要起意与他们相处（箴24:1）

顺从真理的人啊

当生命的最后一刻到来时，你将从完全不同的角度看待一直以来的生活。如果直到那时，你一次都没有为死亡做过准备，便会懊悔过去漫不经心的生活，陷入绝望和恐惧。但对此有认知和有准备的人不一样，他们总以死亡为念。那些渴望在世上行善的人，哀恸的人，顺从上帝话语的人，舍己的人，为基督的缘故忍受一切苦难的人，将会幸福地死去。

恶人在所行的恶上必被推倒，义人临死，有所投靠（箴14:32）

2·20

顺从真理的人啊

清洁之人比起自己受到的伤害，更为施害之人的恶意感到难过。他为仇敌祷告，并从心里饶恕；如果自己做错了什么，就毫不犹豫地主动请求原谅；不轻易发火；对每个人都满了怜悯。当欲火焚身时，当在圣灵里克服己身，使之顺服。你愿意成为一个清洁之人吗？如果愿意，现在立刻认罪悔改，断除一切恶行。不要追求肉体的满足，而要节制。如果你立定心志过圣洁的生活并持守下去，最终会得着天上的奖赏。

我必用清水洒在你们身上，你们就洁净了。我要洁净你们，使你们脱离一切的污秽，弃掉一切的偶像（结36:25）

顺从真理的人啊

在侍奉上帝的事上要谨慎和殷勤。以“单单为主而活”的决心和“实现属灵成长”为目标，全身心地投入其中。那么总有一天你将得到回报，恐惧和悲伤消失殆尽，你将在真理和永恒的喜乐中享受安息。你要对救恩心存更大的盼望。不容忍生活上懒散和傲慢，不对任何事情下定论。若白天是这样过的，那将会迎来幸福的夜晚。睡觉前当省察自己，是否懒惰了？是否对主的圣工漠不关心？要常常以主的律例严格律己。

耶和华啊，我夜间记念你的名，遵守你的律法（诗119:55）

2.22

顺从真理的人啊

从容易倾向恶的天性中逃离出来吧。意识到你最缺乏的品德是什么，并为此继续操练。找出如何克服你缺点和弱点的方法。效法最好的榜样，并经常创造机会去实践。一个人犯了罪，不要一味地责备，提醒他不要犯同样的罪。不要忘记，当你为他人着想时，他人也会这样行。

你们要醒悟为善，不要犯罪（林前15:34）

顺从真理的人啊

请记住，凡事总有“尽头”，且逝去的时间永远无法倒流。若你不明白这些，漫不经心地过着不诚实的生活，绝对过不了主所喜悦的良善的生活。不冷不热的信仰是罪恶的起点，使我们坠入深渊。所以要奋勇站立，若你现在连一点小缺点都无法克服，就会渐渐陷入滔天大罪之中。绝不允许罪恶的起点在我们身上发动。与罪争战固然比肉体上的操劳更痛苦，但仍要与之相争，直到抵挡到流血的地步。

你们与罪恶相争，还没有抵挡到流血的地步（来12:4）

顺从真理的人啊

人是互相帮助和分享亲密情感的生物，但同时我们也非常脆弱和反复无常。所以，即使被信任的人背叛了，也不要太难过。人不就是这样吗？今天是朋友，明天有可能就是敌人。你只要相信基督就好。把你所有的忧虑都交托给基督，单单爱祂，祂必为你开辟最好的道路。即使你被藐视，即使身处患难，你也可以享受基督的安慰。即使人们诽谤你，也不要把他们的话放在心上，总要在主里堂堂正正。

你有信心，就当在上帝面前守着（罗14:22）

顺从真理的人啊

如果在苦难的悲惨中也能平静安稳，那不是因为你从中解脱了，而是虚心接受了它。谦卑之人就是这样。他知道苦难才是享受内心平静最切实的方法，所以能活出舍己的生活。他是基督的朋友，是天国的继承者。当然，接受苦难并在其中享受平安绝非易事。只要忍耐，降卑自己，直到你一切的义都消失殆尽，并要单单依靠基督。

所以，那照上帝旨意受苦的人要一心为善，将自己灵魂交与那信实的造化之主（彼前4:19）

2·26

顺从真理的人啊

在这个世上，没有一个渺小且毫无价值的被造物不能彰显上帝的良善。如果我们善良纯洁，就能看清和正确理解一切事物的原貌。纯洁干净的心能让你享受世界上真正的喜乐，并能分辨善恶。相反，心怀恶念的人，最善于辨别各种痛苦和烦恼。今天要彻底省察你的内心，就能知道你是从视觉上、听觉上接受事物原貌的人，还是一个以扭曲的视角看事物的人。

我要使他们有合一的心，也要将新灵放在他们里面，又从他们肉体中除掉石心，赐给他们肉心（结11:19）

顺从真理的人啊

我们为自己所求的荣耀既不完美也不长久。

人与人之间互相受的荣耀也会以悲伤告终。

荣耀不是来自人的嘴唇，它只来自上帝。如果你寻求世界的荣耀，那就证明你对主的荣耀不感兴趣。应当单求十字架的荣耀。用你的生活荣耀祂，而不是你的嘴唇。

愿荣耀归给我们的父上帝，直到永永远远。阿们！（腓4:20）

2·28

顺从真理的人啊

爱基督吧！让祂成为你最亲密的朋友。我们的主不会像你深爱之人那样抛弃你。祂不会让你独自承受永远的死亡之苦。总有一天我们将与世上的所有人离别，但将永远与主同在。所以无论是生是死，只要与主联结在一起。基督愿得着你的全心，不愿意你三心二意，所以我再次劝勉你，单单爱基督吧！

你们亲近上帝，上帝就必亲近你们。有罪的人哪，要洁净你们的手；心怀二意的人哪，要清洁你们的心（雅4:8）

顺从真理的人啊

当主在祂怀抱里安慰你时，要感谢祂。这“安慰”不是因着你的“义”理所当然享受的，而是来自上帝白白的恩典。所以不要欣喜若狂，不要洋洋得意，也不要太感伤。不要有不自量力的行动，反而要更加谦卑行事，更多颂赞主圣名。因为随着安慰时间的消逝，试探一定会临到。另一方面，有时你会感到天国的安慰已然离开了。即便如此，也不要绝望，再次忍耐，祈求上帝的国降临并谦卑等候。

耶和华已经安慰锡安和锡安一切的荒场，使旷野像伊甸，使沙漠像耶和华的园囿；在其中必有欢喜、快乐、感谢和歌唱的声音（赛51:3）

为什么总是和人商量？
你试图向人忏悔，让人安慰你吗？
愿你与圣灵共度人生中的每一刻
首先求问圣灵，然后侧耳倾听

立定心志进入 3 月的告白

悔改

感谢

恳求

顺从

我所爱的人啊

当跟从我。我就是道路、真理和生命！任何人，没有路就无法走，没有真理就无法领悟，没有生命就无法存活。我就是你要跟从的道路，要相信的真理，要盼望的生命！我的道路是圣洁的，真理是绝对的，生命是永恒的。我是真正的道路，纯正的真理，是真实有福的生命。要住在我里面，那么你必能认识真理，得到永生。若你想得到永生，就要以信心遵守我的诫命。若你想认识真理，就当相信我。若你想作完全人，就要变卖你一切所有的，分给穷人。若你想成为我的门徒，就要舍己。若你想得天上的尊贵，就要在地上降卑自己。若你想与我一同治理，就要背起十字架来跟从我。惟有跟从十字架的人，才能蒙受我的恩宠，发现真理。

我就是道路、真理、生命；若不藉着我，没有人能到父那里去（约14:6）

3·2

我所爱的人啊

丝毫不要认为自己比别人好。就算在心里也不要说“我是个好人”。反而要在众人面前降卑自己，声称“我什么都不是”。不要看重任何不是永恒的事物，只要在真理中欢喜快乐。不要惧怕任何事物，不要厌恶任何事物。远离恶行和罪恶。你当思想，“罪”比失去现有的一切更可怕。当惧怕审判，畏惧全能者的忿怒。

因为祂来要审判遍地。祂要按公义审判世界，按公正审判万民（诗98:9）

我所爱的人啊

很多人为了得到非永恒的属世事物，不惜长途跋涉，却不肯挪动一步迈向永生。哪怕是一点点的损失，他们都要求赔偿，为了一分钱，在法庭上互相争斗。为了金钱和名誉，他们不惜夜以继日地辛苦工作。你们这些不愿为不变的良善、永恒的赏赐和荣耀做任何事的人哪，要为自己感到羞耻。看哪！一切赏赐都在我这里，一切报应都在我面前。

主耶和华必像大能者临到，祂的膀臂必为他掌权。祂的赏赐在他那里，祂的报应在他面前（赛40:10)

3·4

我所爱的人啊

脱去旧人，全然被更新，穿上新人吧。为此，你将经历不愿经历的事情，放弃你想得到的事物。即使别人的事情进展顺利，你的事情却不会。即使别人的话赢得掌声，但你的话却被无视。即使别人的要求得到满足，但你的要求却被置之不理。即使别人非常受欢迎，但你却被冷落。即使别人被委以重任，但你却被判定为无用之人。当你经历这一切的时候，心里会难过，但你要默默承受。如此，你才能被更新且更加成熟。如果你是我忠心的仆人，就会把那一刻当作考验自己的机会。试一试你舍己的程度以及战胜固执的程度吧。

并且穿上新人，这新人是照着上帝的形像造的，有真理的仁义和圣洁（弗4:24）

我所爱的人啊

做了善事之后，不要把功劳归于你自己或其他人，要单单归于我，单单感谢我。如此，无论是你还是其他人都绝不会骄傲。如果你活在我的恩宠和慈爱中，争竞嫉妒、心胸狭窄和单爱自己，就无法在你心中扎根，因为我的爱征服了你的全人，刚强了你的灵魂。要单单因我欢喜。除我以外没有良善之人。惟有我配得在一切之上，并在一切之内被称颂赞扬。

凡以感谢献上为祭的便是荣耀我。那按正路而行的，我必使他得着我的救恩（诗50:23）

3·6

我所爱的人啊

你越是断开属世的事物，就越能享受属天的福气。越是拒绝世界的安慰，就越能享受世人无从体会的属天安慰。但为此，你首先会经历悲伤、痛苦和争战。已经固化的恶习会在你走向善的过程中与你作对，但你要忍耐和坚持，总有一天所有的恶习都会消失，你将拥有圣洁的习性。肉体会抱怨你，但你须忍耐持守，这样你就会过上属灵的生活。古蛇撒旦会刺伤你，但要耐心祷告，祷告必提升你，使你刚强站立。我所爱的人啊，从此你要打那美好的仗。

但你这属上帝的人要逃避这些事，追求公义、敬虔、信心、爱心、忍耐、温柔。你要为真道打那美好的仗（提前6:11-12）

我所爱的人啊

现在立刻停止你的抱怨。你正在遭受的苦难，与信仰的祖先们所遭受的诱惑、试炼、痛苦相比并不重。若你稍微了解他们的痛苦，就更容易接受现在面临的苦难。即便如此，你仍感觉自己是最痛苦的吗？那是因为你太过仓促地判断了他们的痛苦程度。当效法他们的忍耐。按照你智慧的行为和对苦难接受的程度会有赏赐。训练你的心成为圣洁，并养成圣洁的生活习惯。与罪争战到流血的地步。那么，将会更容易承受苦难。

有妇人得自己的死人复活，又有人忍受严刑，不肯苟且得释放，为要得着更美的复活（来11:35）

3·8

我所爱的人啊

你越是不顺从和逃离我，就离我的恩典越远。你若顺应这个败坏的世界，只追求自己的利益，就会失去已得的所有恩典。但你仍然不肯顺从。为什么随从肉体的情欲与我为敌呢？为什么向我抱怨呢？为什么为了建立自己的义而犯罪呢？如果你愿意被真理支配，就顺服我吧！竭力顺服！否则，你生命中最危险的敌人不是别的，将是你自己。

因为不知道上帝的义，想要立自己的义，就不服上帝的义了（罗10:3）

我所爱的人啊

千万不要这么说“主啊，我不能再坐视不理了，他诬告我，大大得罪了我，如果是别人还可以，但是是那个人，我真受不了他带给我的痛苦，我拒绝接受这样的苦难！”。如果你有这样的反应，那就是无视忍耐的美德和因忍耐所获得的赏赐，这是愚蠢的行为！你把视线只放在了欺负你之人和你所受到的侮辱上。如果你只受愿意受的苦，只受你能承受之人带给你的苦，这怎么能称之为真正的忍耐呢？真正的忍耐是指不管苦难来自于谁，都当单单依靠我得胜。

那先前忍耐的人，我们称他们是有福的（雅5:11）

3·10

我所爱的人啊

若你真的爱我，就没有比我良善的旨意和判断更能使你喜乐。若你爱我，即使在小事上也会心存感激、心满意足并得到安慰。若你爱我，就会选择接受蔑视和轻视，而不是世俗的仰慕与美名。即使坐在最后，也会像坐在首座一样感到满足。若你爱我，就会更多爱我的旨意、我的名字和我的一切。这将成为比至今为止所享受和今后将享受的所有恩典更大的安慰和喜乐。我所爱的人啊，你爱我吗？

…你爱我吗？…（约21:17）

我所爱的人啊

世上所有的事情并非一帆风顺，都伴有各种阻碍和疼痛，惟有在我的国里才能平安稳妥。因此，即使你现在没有什么悲伤的事，且一切顺利，没有任何阻碍，也不要将其误认为这是真正的平安。即使一切都如你所愿，也不要误以为自己是完美的。不管你做出了怎样的牺牲，都不要认为自己伟大。即使你有过奇妙的属灵经历，也不要误以为只有自己是特别蒙爱之人。若一生都沉浸在这种错觉中，你的人生将是一场巨大的悲剧。

所以，自己以为站得稳的，须要谨慎，免得跌倒
(林前10:12)

3·12

我所爱的人啊

如果你渴望享受完全的自由和恩宠，就当在每个行动之前，将自己完全献给我。如果你不将你的自由意志归于我，不全然信靠我，那么你的奉献毫无意义，我们的联合也不完全。这就是为什么那么多人无法得享自由，无法得以醒悟的原因。他们还不知道怎么舍弃自己。你们无论什么人，若不撇下一切所有的，就不能作我的门徒。你真愿意作我的门徒吗？那就把你自己当作上帝喜悦的活祭献上吧。

这样，你们无论什么人，若不撇下一切所有的，就不能作我的门徒（路14:33）

我所爱的人啊

承受苦难时，你当写作、阅读，并一边称颂、哀恸、静默、祈祷。“永恒的生命”难道不值得你忍受一切苦难吗？终必迎来安稳之日，所以要忍耐再忍耐。当那日，不再需要日光和月光，因为上帝的荣耀光照那城，羔羊是城的灯。当那日，你将会享受真安息，受真安息，不再哀叹“谁能救我脱离这取死的身体呢”(罗7:24)，也不再哭喊“我寄居的地方有祸了，我与那恨恶和睦的人许久同住。”(诗120:5-6) 死亡退去，你将承受永生。不再有忧愁痛苦，满了上帝的恩惠，只有欢喜和圣洁的团契。

那城内又不用日月光照，因有上帝的荣耀光照，又有羔羊为城的灯 (启21:23)

3·14

我所爱的人啊

我是你患难中极大的帮助！把你所有的问题都带到我这里来吧。然而阻碍你走向我的最大绊脚石是你自己，因为你不祷告，总在世界和我之间犹豫徘徊。不要再寻求世间的欢乐，要寻求天上的安慰。世界所给予的慰藉顷刻间便消失不见，但我将永远搭救那些信靠我的人。我所爱的人啊，你要拖延到什么时候？此时就张开你祈祷的口吧。

上帝是我们的避难所，是我们的力量，是我们在患难中随时的帮助（诗46:1）

我所爱的人啊

你走向完全时，是否越聆听我的教训越觉得茫然呢？即便如此，也不要绝望或走别的路。当更加努力并为此恳求。不要试图取悦人。不要为获得世上的智慧而苦苦挣扎。不要被世俗的智慧所迷惑。倒要俯就卑微的人。不要自高自大。不要求地上的荣耀。在世上过一无是处、最卑微之人的生活吧。虽然许多人嘴上歌颂这样的生活，但实际生活却与我的旨意相去甚远。记住，我的路并不宽阔也不容易走！记住，属天的智慧就像隐藏的一颗重价的珠子！

我劝你向我买火炼的金子，叫你富足；又买白衣穿上，叫你赤身的羞耻不露出来；又买眼药擦你的眼睛，使你能看见（启3:18）

3·16

我所爱的人啊

不要相信你的感觉和情感，它们不是经常变化莫测吗？假如只相信自己的感觉，因着它的反复无常，你将终生焦躁不安。即使欢喜快乐也瞬间变得愁眉不展，满有平安也瞬间变得不安，即使心存圣洁也会马上变得丑陋无比，勤勤恳恳也会马上变得心慵意懒，即使充满活力也会很快难过得像死人一样。但是接受永生教诲的智者，不受随时改变的感觉和情绪的影响，反而专注于当做的事和心中所愿。这样的人无论遇到多大的困难都能坐享平安，无论经历多大的变化，坚定依靠我的心不摇动，刚强站立。他们那纯粹真实的意志即使经历暴风雨也不至减弱，反而使之更加坚强。即或如此，你仍然愿意感情用事，随心所欲地生活吗？

惟独祂是我的磐石，我的拯救，祂是我的高台，我必不动摇（诗62:6）

我所爱的人啊

你想从世界得安慰吗？你想让大家都拥抱你安慰你吗？但我的儿女都不曾这样，反而多经磨难，常受试探，活在贫乏之中。他们突破逆境靠的不是“安慰”，而是“忍耐”，每当身处患难，不是依靠“自己”，而是信靠“我”，他们相信现在至暂至轻的苦楚无法与将来无比的荣耀相比。我所爱的人啊，那份荣耀不是立刻就能享受的，只有多多流泪，付上代价，才能在你手中。为了将来的荣耀，你要忍耐等候，刚强行事。不要错失真理。要操练灵魂体。如此，你必得着最丰盛的奖赏，在所有苦难中我与你同在。

但忍耐也当成功，使你们成全完备，毫无缺欠（雅1:4）

3·18

我所爱的人啊

不要对人的话一一作出反应，人不都喜欢夸大其词吗？而且不要试图取悦所有人，这是不可能的不是吗？为了在主里让所有人同得福音的好处，使徒保罗向什么样的人就作什么样的人。(林前9:22)他从不因人的言语和判断而退缩。为了拯救灵魂他用尽各种方法，付上所有努力，当他千辛万苦服侍人却遭到藐视时，他并没有逃避。保罗把喷向他的一切否定的声音，即愚蠢的言语、虚谎和指控的呼声都交托给我，只以忍耐和谦卑守护自己。有时为了避免沉默带来的凌辱，他就张口大胆宣告。保罗从来没有表现出自己的刚强，而是为真理而战，不是讨人的喜欢，而是讨我的喜欢。那么，你今天作何选择呢？

有谁软弱我不软弱呢？有谁跌倒我不焦急呢？我若必须自夸，就夸那关乎我软弱的事便了(林后11:29-30)

我所爱的人啊

你越舍己，你的灵性就越成长，你会成为我的喜乐，留下属天的功绩。然而许多人嘴上说舍己，生活却并非如此，他们不依靠我，只为自己的利益而活。虽然有时也努力舍己，但当试探来到就直接放弃了。我所爱的人啊，他们终究无法得以自由。不舍己，不委身于我，任何人都无法享受我的喜乐和恩宠。这样的人，无论是现在还是将来都结不出果子来，所以要不断操练自己舍己。

于是，耶稣对门徒说：若有人要跟从我，就当舍己，背起他的十字架，来跟从我（太16:24）

3

20

我所爱的人啊

不要满足于可见的结果，不要用肉眼看，要像摩西一样进入会幕，留心聆听我的声音。如此，你必领受有关现在和将来的教诲。每次出现问题，每次身临险境，百姓们每次犯罪时，摩西都进入会幕向我祈求。你也要如此，让内室成为你的避难所，在那里向我祈求。不要忘记约书亚和以色列百姓没有求问我，被基遍人欺骗的事件。(书9:14)他们被眼前的事物和似是而非的言语所迷惑，不是被骗了吗？无论多么确信的事情，也绝对不要忘记来求问我。

摩西进会幕的时候，云柱降下来，立在会幕的门前，耶和华便与摩西说话 (出33:9)

我所爱的人啊

判断一切隐秘之事的人只有我。我知道世上发生的一切事情。谁伤害了别人，谁被伤害了，我都知道。我听到了这世上所有的话，我必一一做出判断。你们心中的意念也都要显露出来接受审判。人的证词是不完整的，但我的判断永远是真实公正的，绝不会被推翻。然而真明白此真理的人太少了。我所爱的人啊，不要忘记我在隐秘处监察你，到那日，一切都将显露出来。

就是判断人，我的判断也是真的，因为不是我独自在这里，还有差我来的父与我同在（约8:16）

3

·

22

我所爱的人啊

鄙视和憎恶这个必朽坏的世界吧！当追求永恒的事物，渴望天上的事物，远离世界的荣耀。要虚心接受人们的批评。要把你所有的希望都寄托在我身上。不要寻求任何使你远离我的东西。放弃更多对世界知识的渴望吧，爱我要胜过一切，爱我的人在与我的亲密相交中，聆听真理的话语，并开口传扬。

我所爱的人啊，请记住，世上任何事物都无法让你发光与更新。

你们蒙了重生，不是由于能坏的种子，乃是由于不能坏的种子，是藉着上帝活泼常存的道（彼前1:23）

我所爱的人啊

不要重看世人所说的话，只须留心聆听我的声音。哪怕人都用各种谎言攻击你，也不要放在心上，视那些话为路边无关紧要的杂草，那么，那些尖锐的话就不能给你带来任何伤害。人的话能拔掉一根头发吗？然而，那些不保守己心的人，不活在我面前的人，很容易被诋毁自己的话摇动，以至于跌倒。我再说一次，不要自己做出判断，要单单信赖我，听我的声音，如此，便能从人的恐惧中完全得以自由。

我的羊听我的声音，我也认识他们，他们也跟着我（约10:27）

3.24

我所爱的人啊

不要为了服侍把自己累倒，也不要为承担服侍而担忧。”惟有我，是安慰你们的。”(赛51:12)让你的灵魂牢牢建立在应许之上。如此，我必以奇妙的方式回赠你。这世上的劳苦和悲伤不是永远的。与时间一起消逝的属世事物看起来多么短暂和微不足道啊！不多时，所有的劳苦和担忧都将消逝，因此，应当竭力行善，忠心看守我的葡萄园。

我们原是他的工作，在基督耶稣里造成的，为要叫我们行善，就是上帝所预备叫我们行的（弗2:10）

我所爱的人啊

不要被人口中冠冕堂皇的话而迷惑！我的国不在乎言语，只在乎权能！你要单单侧耳倾听我的声音。我口中的言语能照亮并苏醒你的心，赐下痛悔并给予你安慰。不要给人学识渊博的感觉，而读晦涩难懂的书，要学会制服自己邪恶的心，这比解决复杂的难题更有益。即使你博览群书博学多才，也总要回到唯一的原则上，“惟有我能指教你们”！来我这里受教吧！如此，便得着属天的智慧，使你的灵魂受益。那些被好奇心挑衅的人，对服侍我漠不关心的人有祸了。

耶和华的律法全备，能苏醒人心；耶和华的法度确定，能使愚人有智慧 (诗19:7)

3.26

我所爱的人啊

轻看我小子中最小的那个人，必被我轻视；论断我小子中的一个，就是论断我和我国中的一切，因为属于我的都被慈绳爱索牵引着，彼此相爱，且有同样的心思和意念。我的子民爱我胜过爱自己，胜过爱他们的丰功伟绩。在我里面享受真正的安息。永恒的真理充满他们的心，不灭的爱火燃烧着他们，他们绝不会灰心失望，离我而去。他们乐于降卑，看重卑微之人，然而，你为什么分帮结派、择人而交呢？你是谁，竟然轻看我小子里的一个呢？

你们要小心，不可轻看这小子里的一个。我告诉你们，他们的使者在天上常见我天父的面（太18:10）

我所爱的人啊

注意“本性”和“恩典”这相反的概念。两者虽不同，但彼此之间却微妙地相似，若非灵性成熟之人，很难分辨出来。人喜欢良善，都愿意有好言好行，然而，在人良善的外表下不知包含了多少虚假。本性狡猾，许多人被迷惑受骗落入圈套。相反，恩典是真实的，使人转离一切恶，因基督的缘故存清洁的心行事。本性是把一切荣耀归给自己，为自己而战。相反，恩典是把一切荣耀归给我，深知自己是个罪人，不骄傲自大、自不量力，不固执己见，尊重他人的意思，以属天的智慧面对问题，遵行我的旨意。在世人眼中随性而活的人更强大，但惟有蒙恩之人能流露生命。

他们有祸了！因为走了该隐的道路，又为利往巴兰的错谬里直奔，并在可拉的背叛中灭亡了（犹1:11）

3·28

我所爱的人啊

当撒旦用恶言恶语欺骗你时，要抵挡牠离开。“用恶言恶语骗人的撒旦，离开我去吧！你从我这里什么也得不到。与其让我顺从你，不如让我选择承受一切痛苦。撒旦啊，在我面前安静吧！即使你让我担忧愁烦，可我不会上当。撒旦啊，你必因着耶稣基督中伤，因为祂是我的力量。主是我的亮光，是我的拯救，我还怕谁呢！即使千军万马向我摆阵，我也不惧怕。惟有主是我的拯救！”我所爱的人啊，做一个精兵战斗吧。纵使你软弱跌倒，但也要披戴我无限的恩典再次站立起来。

赐平安的上帝，快要将撒但践踏在你们脚下。愿我主耶稣基督的恩常和你们同在（罗16:20）

我所爱的人啊

不要向人夸耀你的委身和服侍，因为这是我恩典的作为，远超过骄傲，使你的灵魂安稳。你当降卑再降卑。当铭记，骄傲对你毫无益处，不要像世人一样执着于追求高位。蒙恩时，不要沉迷其中，要思想你没蒙恩时的生活是多么悲惨凄凉。一定要记住，属灵生活的长进不是在被安慰时，反而是在谦卑、放弃和忍耐的时候。还有，不要熄灭祷告的火，在最小的事上要忠心。你的言行举止要与在世上所学所做的截然相反。你的心容易冷淡，容易落入愁烦中，不要在熬炼自己的事上懒惰，总要与谦卑之人同在。

心里谦卑与穷乏人来往，强如将掳物与骄傲人同分（箴16:19）

3·30

我所爱的人啊

有一种人，心急如焚地热切寻求某种东西，可是刚一得到后心里的那份热情就消失殆尽了。他们很快就厌倦了，总是徘徊着寻找新事物。像这样为了“自我满足”活着的人，要过“舍己”的生活绝非易事。那么，你怎么样呢？你的生活方式更接近自我满足，还是舍己呢？先考虑自己的益处？还是他人的益处呢？记住，人实在是藉着舍己成长，这样成长的人是自由和安稳的。

就好像我凡事都叫众人喜欢，不求自己的益处，
只求众人的益处，叫他们得救 (林前10:33)

我所爱的人啊

即使所有人都爱你，你也要单单爱慕我，要全然爱我。尽心、尽力地爱为罪人挂在十字架上的我，而且连仇敌也要爱，爱他们爱到经历我的爱为止。做属天的事情时，不要期待人的夸赞、青睐和爱，而是要默默地去做。要单单期待我，并祈求我与你同在。即使世界动摇，你要在我里面保持清洁和自由。没有我谁也不会幸福。

只是我告诉你们：要爱你们的仇敌，为那逼迫你们的祷告（太5:44）

4

你只容许我的话不惹恼你
不触及你的底线
悔改吧，如果你真遇见了基督
绝对不这样

立定心志进入 4 月的告白

悔改

感谢

恳求

顺从

我所爱的主啊

许多人不惜跋山涉水，就为了一睹埋在地下圣徒的遗迹和其荣耀。有些人赞扬并称羡圣人的辉煌成就，有些人甚至亲吻用丝绸和黄金堆积的文物。但基督，我的上帝，创造主，是圣人无法比拟的，祂在一切之上，是万物之主，此刻与我同在！我愿就在此地敬拜，而不是在别处。许多人参观圣人遗址，为的是得到新的灵感，过上更好的生活。然而，若不真正悔改，只到处寻找又有什么用呢？没有真实的悔改，我们在生活中绝不会有任何改变。主啊，帮助我们不要有毫无悔意的热心和热情。

我从前风闻有你，现在亲眼看见你。因此我厌恶自己，在尘土和炉灰中懊悔（伯42:5-6）

4
·
2

我所爱的主啊

你的爱源源不断永无止境，这份爱再大也没有负担，这份爱永远清醒，永不褪色，这份爱给予我力量，让我能做到超乎能力之外的事情，绝不说“不可能”。因此，越爱主，就越有勇气和信心做任何事。这份爱不怕失败，凡事都能做。这份爱即使被压迫也不会降服，它总是像燃烧的火炬涌上心头，无论遇到怎样的障碍都不会受伤。主啊，我愿更多经历您这份永恒的爱。

爱是永不止息。先知讲道之能终必归于无有，说方言之能终必停止，知识也终必归于无有（林前13:8）

我所爱的主啊

我如同尘土和灰烬，怎敢对主说什么呢？如若在主面前稍微抬高一下自己，都只不过是在暴露我是个罪人罢了。如今，我要在这世上降卑自己，视自己为毫无价值。这样，我里面毫无用处的自尊心和没有任何价值的一切东西，都将因主的恩典而消失。到那时，主会指教我“我是谁”，“我过去做了什么”，“我将要去哪里”。我实在一无是处，我自己什么都不懂，只是个软弱的人罢了。然而，若主眷顾我，我便立即刚强起来，满有喜乐，一切重担全都脱落，在慈爱的主怀抱里得享安息。这真是惊奇啊！

那差我来的，是与我同在；他没有撇下我独自在这里，因为我常作他所喜悦的事（约8:29）

4·4

我所爱的主啊

感谢你让我每次陷入罪中，因受苦而叹息。耶和华使人死也使人活，使人下阴间，也使人往上升。(撒上2:6)他撕裂我们，也必医治；他打伤我们，也必缠裹。(何6:1)主是我的安慰者，我的医治者，我在主手中。我俯伏在主脚前，愿你向我挥鞭，好使我得以遵行你的旨意。愿你雕琢我的方方面面，使我成为敬虔谦卑的主门徒，仰望并跟随主纯洁良善的旨意。我将我自己和属于我的一切交托你，愿主照你的旨意行。如今在世上被主管教，强过将来永远受刑罚。

来吧，我们归向耶和华！祂撕裂我们，也必医治；祂打伤我们，也必缠裹 (何6:1)

我所爱的主啊

用泥土所造的人怎能顶撞造自己的窑匠呢？顺服主的人绝不会在主面前趾高气扬昂首挺胸。主啊，求你用你的真理掌管我。这样，即使全世界都鼓动我，我也不会骄傲。允许我把一切所愿都依托给你，这样就不会被奉承者的舌头绊倒了，世界的声音真的毫无价值，很快就会云消雾散。主啊，你是窑匠，求你今天也用你的手来陶造我。

耶和华啊，现在你仍是我们的父！我们是泥，你是窑匠；我们都是你手的工作（赛64:8）

我所爱的主啊

你远离恶人，亲近谦卑纯洁之人。你爱你的儿女，从天上降下粮来，引导他们的心归向你。主啊，我愿此生更多认识你这位满有恩惠慈爱的主。甚愿与你同行。没有主的人生只有痛苦和悲伤，无法摆脱接踵而至的不幸，但你的儿女将得享真正的平安和安息。主啊，感谢你拣选我成为你的儿女。谁能像主呢！

我一生一世必有恩惠慈爱随着我，我且要住在耶和华的殿中，直到永远（诗23:6）

我所爱的主啊

当我在黑暗中时，很难找到去神国的路，周围也没多少人寻求那条路。但可以肯定的是，没有十字架的救赎，谁都无法进入上帝的国。主耶稣为我们开了一条通往天国的路。惟有耶稣是道路、真理和生命。如今我不在律法之下，乃是跟随圣灵的引导。我恳切盼望主耶稣在这世上所走的十架路，成为我的道路。

并且不用山羊和牛犊的血，乃用自己的血，只一次进入圣所，成了永远赎罪的事（来9:12）

4·8

我所爱的主啊

许多人爱世界并在其中寻找快乐，指责世界的错误和虚妄的同时，却无法放弃这样的生活，因为要满足肉体的欲望。让我们爱世界的是肉体的情欲，眼目的情欲和今生的骄傲。(约一2:16)这也让痛苦和不幸急剧地接连不断地发生。沉溺于快乐中的灵魂沉迷于这个世界，虽然身处尖锐的荆棘中，却误以为自己很幸福，不认识主的恩典和美好。然而，藐视世界，顺从圣言为主而活的人，深深明白主的恩典，不过属世的生活。主啊，这个世界正迅速走向灭亡，充满了欺骗。求您务必将我从世界分别出来并拯救我。

亲爱的弟兄啊，你们是客旅，是寄居的。我劝你们要禁戒肉体的私欲，这私欲是与灵魂争战的
(彼前2:11)

我所爱的主啊

我的灵切切地寻求你，渴想寻见你。为了主，我已做好放弃一切的准备，可以为主做任何事情。感动我让我单单跟随你的主啊，恳求你施恩与我，向我大施慈爱，满足我这颗焦急的饥渴之心。然而，总在罪中的我怎能理直气壮地这样提出要求呢？惟有俯伏在主面前恳求。主啊，我心因你饥渴！帮助我不用世上事物替代这渴慕，请速速让我遇见你。

上帝啊，我的心切慕你，如鹿切慕溪（诗42:1）

4
.
10

我所爱的主啊

我比别人多得一点或少得一点都无所谓，因为一切都是主的，皆来自于主。因此，谁也不能炫耀自己所得的，也不能以此凌驾于他人之上，傲慢自大。那不表露自己，向主感恩的人是多么宝贵和善良啊！这样的人必蒙主的恩典，因他为了更降卑而苦恼，决志成为最卑贱的。主啊，我不会把自己所得的与别人所得的加以比较，也不会为此难过或生气。比我多得的人，我也不会羡慕。与此相反，每当有这种想法时，我都会赞美主，把心转向主，因为我相信一切都来自于上帝，祂会按着祂良善的旨意赐给我最好的。

耶和华啊，尊大、能力、荣耀、强胜、威严都是你的；凡天上地下的都是你的；国度也是你的；并且你为至高，为万有之首（代上29:11）

我所爱的主啊

所有的天使都在你面前俯伏敬拜，所有的义人都恐惧战兢向你心存敬畏，慈爱的主说："都到我这里来。"若非主，谁能说这话？谁能信这话呢？若非主呼召，谁能来到祂面前敬拜呢？看哪，义人挪亚花了百年的时间预备方舟，但只有寥寥几个人得救了。我又怎么能轻而易举地做好迎接造物主的准备呢？上帝伟大的仆人和朋友摩西，用珍贵的木头造了一个柜存放法版，且用精金包裹。但我这个堕落的被造物，岂能轻轻松松迎接制定律法、掌管生命的主呢？主今天依然说："都到我这里来。"主啊，我这个罪人披戴主的宝血来到你面前，求你接纳我指教我。

凡劳苦担重担的人，可以到我这里来，我就使你们得安息。我心里柔和谦卑，你们当负我的轭，学我的样式，这样，你们心里就必得享安息（太 11:28-29）

我所爱的主啊

为肉体而吃喝穿戴的一切，压制我向主火热的心，成了我灵魂极重的担子。怜悯我，赐给我力量得以击退肉体的欲望。帮助我，以免我因为过于贪心而动摇。主啊，即使我无法为生命断绝肉体的一切需要，但也努力拒绝需求之外的东西，因为知道你神圣的律例不允许我为了享乐而积存太多。若为了享乐试图拥有更多，那我的肉体将与我的灵相争。主啊，求你常常引导我的脚步不越过主律法的篱笆且走向主。

遵行我的律例，谨守我的典章，按诚实行事。这人是公义的，必定存活。这是主耶和华说的（结18:9）

我所爱的主啊

我因无法脱离这苦难，每天被忧愁压得精疲力竭。求你务必怜悯我。若非主帮助，扭转我的局面，我如何能走向你呢？我是个只配在主面前静默的卑微之人，是一个行走在崎岖旷野中的狂人而已。主啊，求你拯救我！让我因这苦难学习谦卑，并把荣耀归给主。若没有主的同在，贫穷卑微的我能做什么？又能走向哪里呢？我的主啊，帮助我不畏惧任何苦难，凡事忍耐。

基督既在肉身受苦，你们也当将这样的心志作为兵器，因为在肉身受过苦的，就已经与罪断绝了（彼前4:1）

我所爱的主啊

若我被这世上的事物所捆绑，怎能自由地飞向你呢？求主赐下无限的恩典，让我得到任何人和任何被造物都无法阻挡的永生。没有比单单仰望主的人更能享受安息，没有比对世界漠不关心的人更自由。主啊，甚愿我的心完全转向你，这样便能超越一切，过舍己的生活，我知道世上没有任何事物能与创造主相比。但是主啊，若我无法从被造物中得以自由，又怎能与圣洁的主同行呢？恳求你使我从所有的捆绑中得释放和自由。

所以天父的儿子若叫你们自由，你们就真自由了（约8:36）

我所爱的主啊

自以为有智慧的人，随从情欲的人，他们寻求虚妄，却不知属天的智慧。与此相反，恨恶世界且跟随基督的人，与情欲相争的人，靠赖属天的智慧生活。他从谎言走向真理，从放纵情欲转变为顺着圣灵而行，从而更深地默想基督。创造主所赐的喜乐和从世界获得的快乐是完全不同的。永恒的和暂时的，就像自发的光和反射的光完全不同一样。永恒之光的主，所有光中最耀眼的主，请用你的光照耀我内心的最深处，使之圣洁。

因为情欲和圣灵相争，圣灵和情欲相争，这两个是彼此相敌，使你们不能作所愿意作的（加5:17）

4
·
16

我所爱的主啊

我是一个微不足道且极其善变的人。我有什么值得夸耀的？这样的我怎能渴求被高举和尊崇呢？这真是徒劳！虚荣是无益的，就像可怕的瘟疫，让人失去真正的荣耀，剥夺其属天的恩典。当人取悦自己时，就会令上帝不悦。人渴望称赞，就是错过真正的美德。真正的荣耀和欢欣不在人身上，只在主里面。如今我不求自己的喜悦，只愿因主的名欢欣。我渴望的不是被造物带来的喜乐，而是在主的旨意中欢喜快乐。

因为基督也不求自己的喜悦（罗15:3）

我所爱的主啊

有多少人可以保护自己，不被世界的骗术所欺呢？我也软弱，摇摆不定，很容易被世界愚弄。然而倚靠主的人，那些怀着清洁之心寻求主的人是安全的。无论遇到什么困难他们都不轻易动摇，从主得力，进而得胜。因为信赖主的人，主必保守到底。在这个世上，没有多少人能始终如一地守护落在患难中的我，但是主必保守到底。今天我也向主告白：“我的心坚立在基督的磐石上”。若我的生活果真如此，就不再惧怕人，也不会因他们的话而困惑。

因为耶和华是你所倚靠的，祂必保守你的脚不陷入网罗（箴3:26）

4

18

我所爱的主啊

从人身上寻找希望是枉然，相信人也是无益的。倚靠人是虚妄的，惟有主公义的救恩才是真实的。现在我不再盲目相信人的话了，也不会轻易散播他们的话，我宁愿选择沉默。主啊，若人都不把自己的真实感受随便告诉任何人，世界将会多么平和啊！我惟有寻求监察内心的主，才不被风一般的言语所左右，并能更好地掌管我的内心，享受属天的平安。

多言多语难免有过，禁止嘴唇是有智慧（箴10:19）

我所爱的主啊

作为被逐出伊甸园的亚当的后裔，我在世过着困苦艰难的生活，每日痛哭。这世上的生活满了邪恶、悲伤和痛苦。世人被罪玷污，陷入情欲的网罗，被恐惧奴役，背负着忧虑的重担。被虚无的好奇心所迷惑，卷入无益的工作。被各种错误所包围，因过度劳作而憔悴。被诱惑所吸引，在享乐中衰败，因贪婪而痛苦。主啊，今天我仍然指望结束这所有的恶，扳着手指数算脱离这悲惨人生的那日，那日是何时呢？单单思想主，在主里单单喜乐的那日何时到来呢？

但受造之物仍然指望脱离败坏的辖制，得享上帝儿女自由的荣耀（罗8:21）

4·20

我所爱的主啊

服侍主是最荣耀的事。此刻，我轻视世界给予的一切，把自己献给主，决心抛开世上的享乐，单单依靠主走这条窄路。我宣告放下世界的忧虑，在主里享受无比的自由。服侍主是我人生最大的快乐，使我得享最大的自由，并在其中成圣，让天父喜悦，使撒旦惊慌。诚实服侍主的人必承受这一切奖赏。藉着服侍，赐下天上的一切和使我永远得胜的主，今天我仍然渴慕你的临在，渴慕你的爱赐下圣灵的安慰。

若有人服侍我，就当跟从我；我在哪里，服侍我的人也要在那里；若有人服侍我，我父必尊重他（约12:26）

我所爱的主啊

即使我泪流成河也不配得你的安慰。即使让我一贫如洗，让我孤身只影，那也是我应得的。我只配得上天的惩罚。一想到无数次违背主，犯了数不清的罪，我更深刻意识到，连最微小的安慰我也不配得到。然而温柔仁慈的主多多忍耐宽容那可怒、预备遭毁灭的器皿；又要将他丰盛的荣耀彰显在那蒙怜悯、早预备得荣耀的器皿上。(罗9:22-23)主寻找且安慰了我，祂的安慰是温暖的，是世上任何事物都无法相比的。

耶和华有恩惠，有怜悯，不轻易发怒，大有慈爱(诗145:8)

4·22

我所爱的主啊

为了胜过从出生就迅速转向恶的本性，我祈求主丰盛的恩典。罪通过第一个人亚当进入，从而全人类堕落了，主所造的善良诚实的本性已堕落成了恶的象征，乃因我们自身远离善转向恶。主啊，求你赐下恩典，因你的恩典是我一切善行的源泉。主的恩典是跟随主走完全道路时必不可少的。若不是主的恩典，我一无是处，所做的一切都是徒劳，与生俱来的一切都毫无价值。任何富有、美丽、强大、智慧和知识都是无用的，我只能靠你的恩典而活，靠主我凡事都能。

然而我今日成了何等人，是蒙上帝的恩才成的；并且他所赐我的恩不是徒然的。我比众使徒格外劳苦，这原不是我，乃是上帝的恩与我同在（林前15:10）

我所爱的主啊

人生中有什么是靠得住的？日光之下有什么能安慰我呢？惟有主向我大施慈爱！没有主我一刻也活不下去。与其没有主而富裕，宁愿为主选择贫穷。与其拥有主不在的天国，宁愿和主一起在地上过游荡的寄居生活。于我而言，主所在之处是天国，否则就是死亡和地狱。我渴望的主啊，今天我向你叹息呼求："除了你，没有人能满足我！主你是我的盼望，是我所信靠的。你是安慰者，是永远信实的那一位，知道我一切需求。"

只有耶和华为圣，除祂以外没有可比的，也没有磐石像我们的上帝（撒上2:2）

我所爱的主啊

你所宣告的一切话语我都凭信心领受了，向你献上感恩。你的话语是拯救灵魂的生命之道。我立志欢喜领受主的一切话语并刻画在心中。主的话满有良善和慈爱，既赐给我勇气也让我恐惧战兢，因我污秽的罪孽和败坏的良心。当主用温柔的声音呼召我时，我常在罪的辖制中，但主一直轻声低语：“若想与我联合，得到永生和荣耀，就到我这里来。”主啊，我这个罪人来到你面前，求主用你的宝血使我从一切罪中得以释放。

…祂爱我们，用自己的血使我们脱离罪恶，又使我们成为国民，作祂父上帝的祭司。但愿荣耀、权能归给祂，直到永永远远。阿们！（启1:5-6）

我所爱的主啊

我知道圣经中信心的古圣先贤为了讨主喜悦付出了许多。智慧之王所罗门为要建造圣殿，用了长达7年的时间建造圣殿，圣殿建成后用了8天的时间行奉献圣殿之礼，献了一千牺牲作燔祭。与所罗门相比，我真是愚昧和卑贱的，就连做一个小时的礼拜都感到吃力，陷在反复的罪中无法得胜。若我能在主面前过30分钟完全圣洁的生活，该有多好！主啊，我怎么才能讨你的喜悦呢？怎么才能用我的人生颂赞和敬拜你呢？愿你指教我引导我，让我一生讨主喜悦的渴慕不止息。

总要察验何为主所喜悦的事（弗5:10）

4·26

我所爱的主啊

我何时能得以自由？何时得享安息呢？我何时能完全丢弃自己的想法，单单思想主呢？主啊，我正在死荫的幽谷中，沉浸在悲叹和伤心中。仇敌使我悲伤，搅扰我使我无法享受主所预备的祝福，然而我却无能为力，只能切切仰望主，等候主施恩搭救。主啊，垂听我心中满满的叹息声，从这荒废的人生中搭救我，愿你快来，施行拯救！

耶和华啊，求你医治我，我便痊愈；拯救我，我便得救；因你是我所赞美的（耶17:14）

我所爱的主啊

我深知道在你面前自己毫无价值，因而轻视和撇弃自己。看哪，主是何等圣洁，我却是罪人中的罪魁，可是，圣洁的主为何来寻找我这污秽的罪人，愿意与我同在呢！基督来到世上赐给我们永生，祂是生命的粮。主的话一句也不落空，都要应验。主爱所到之处，都散发出谦逊的光彩。主为救恩所做的事何等伟大，主的权能何等惊人，主的真理何等确实，祂真是基督，永生上帝的儿子！

认识你独一的真神，并且认识你所差来的耶稣基督，这就是永生（约17:3）

4
·
28

我所爱的主啊

求你使我的心专注于你。你既向我施行救赎之恩，就让我得尝隐藏在深泉之处般你的慈爱。求你照亮我昏暗的眼睛，得以看见主你的奥秘。赐给我力量，让我以信心来到你面前，因为不是依靠势力，不是依靠才能，乃是依靠你的灵方能成事，我要更深地依靠你。主啊，寻找甘泉的人，寻得其泉时，岂能不打其水呢？主你是满溢的泉源！主是生命之水，把流淌在你国度里的水赐给我，就算其中的一滴，也能解我所有的干渴。

口渴的人也当来；愿意的，都可以白白取生命的水喝（启22:17）

我所爱的主啊

天上地上的一切都是你的，让我成为你永远的产业，你永远的仆人。就像主挂在十架上把自己宝贵的身体献给父一样，我愿把自己奉献给你，求主悦纳。我恳切盼望你不仅是我的拯救，也能成为我邻舍的拯救。主啊，让我脱离忿怒、报复心、争吵、仇恨、伤害等一切污秽的罪恶，让我在你的慈爱和恩典中活出与福音相称的生活。愿主得祂的名所当得的荣耀。

要将耶和华的名所当得的荣耀归给他（诗96:8）

4·30

我所爱的主啊

每当看到无法活出与所蒙的恩召相称之人，我就会心痛，有时也会因懈怠使命的人而受伤。在主看来，我的信仰又如何呢？若主问“你为爱我做了什么？”，我可能羞愧得什么也答不出来。主啊，现今我想成为成熟的信徒，将主圣洁的生活作为敬虔的准则，为了效法主，我愿过舍己的生活，不求除主以外的任何事物。主啊，让我立定心志，除了基督不知道别的。赐给我力量，让我牢牢践行你所赐的使命，把我钉在十字架上，若与主同钉十字架，将受益颇深。

因为我曾定了主意，在你们中间不知道别的，只知道耶稣基督并他钉十字架（林前2:2）

你是否理直气壮和理所当然地评判人
给某人定罪呢？
不要标榜自己的义，声称自己是圣民
要用生命表明你是上帝的儿女

立定心志进入 5 月的告白

悔改

感谢

恳求

顺从

蒙召的圣者啊

寻求和依赖必朽坏的财物是虚空；追求名利而自满也是虚空；渴望长寿胜过活得正直也是虚空；安于现状，不为将来的审判做准备是虚空；不求永恒上帝的国，执着于非永恒世界的事物也是虚空。请深思这句话“眼看，看不饱；耳听，听不足。”(传1:8)不要再爱眼所见的虚无的世界了。要追求眼不能见但有价值的事物。如若不这么做，反而追随恶，良心就会被玷污，失去主丰满的恩典。当藐视世上一切的虚无之物，专心效法基督。

传道者说：虚空的虚空，虚空的虚空，凡事都是虚空（传1:2）

5·2 蒙召的圣者啊

出于本能，人们对知识有极大的渴望，但不敬畏上帝的知识没有任何益处。谦卑侍奉上帝的人，即使研究难以揭示的天体运行，也不骄傲，不夸耀自己的知识。在上帝面前，深知自己的存在是微不足道的人，不会根据自己眼所见的进行判断，也不渴望别人的称赞。即使你知道世上一切的知识，却不行善，在上帝面前又有什么益处呢？祂按着你的行为施行审判。从此，请用你所有的知识行善，用这些知识侍奉主。

敬畏耶和华是智慧的开端，认识至圣者便是聪明
（箴9:10）

蒙召的圣者啊

哪怕在心里，你也不要觉得“我比别人强”，这等于在主面前积攒罪孽。善行也不要做在人前。你自以为良善吗？绝不是的。倒要降卑，看别人比自己强。降卑自己是无害的，但“我比别人优越”的意识足以给生活带来灾难。谦卑带来和平，骄傲激起妒忌和愤怒。

凡事不可结党，不可贪图虚浮的荣耀，只要存心谦卑，各人看别人比自己强（腓2:3）

5·4

蒙召的圣者啊

有罪性的人要舍己绝非易事，这比改变长期养成的习惯要困难得多，因为舍己是对抗自己的意志。作一名基督徒绝非易事。现在连一点小事都不顺从，怎能脱下旧人呢？从小事逐一开始顺从吧！从一开始就坚决抵挡罪的诱惑，改掉恶习！否则就会被罪驱使。

就要脱去你们从前行为上的旧人，这旧人是因私欲的迷惑渐渐变坏的（弗4:22）

蒙召的圣者啊

在这世上，没有什么比为基督受苦更有益了，因为接连不断的痛苦才能让灵性成长。若有比苦难更好更有益的，主必告诉我们。主坚定地对跟随祂的人说："若有人要跟从我，就当舍己，天天背起他的十字架来跟从我。"(路9:23)到目前为止，你一直在阅读和考究记录下来的真理的话语。如今是做出最终决定的时候了，"我要直面苦难，背起十字架，走向天国！"

你要和我同受苦难，好像基督耶稣的精兵（提后2:3）

5·6

蒙召的圣者啊

若你完全，就无须在上帝良善的旨意中受苦，然而，我们自己无法完全，因上帝并未如此创造，祂让我们一起承担别人的重担，在共同生活中学习如何完全。没有缺点的人，没有重担的人，以足够的智慧能满足自己的人，这世上实在没有。因此，我们必须互相依靠、互相安慰，必须互相帮助、商量和征求建议。信徒同心协力是理所当然的。当我们遇到逆境时，我们真正的德行就会显露出来，因为逆境体现其真正的为人。若你想在逆境中完全，就不要选择“独处”，而是选择“一起”。

愿弟兄们都喜乐。要作完全人，要受安慰，要同心合意，要彼此和睦（林后13:11）

蒙召的圣者啊

若想与众人和睦，先要学会克制你的情绪。换不同的发型和穿与众不同的衣服不能让基督徒的生活改变，只有控制好自己的情绪才可以。只要你感情用事，生活就不会平静。特别是在信仰共同体中，不要凭感觉随便说话，务必持守住起初的忠信与爱。

暴怒的人挑启争端；忍怒的人止息纷争（箴15:18）

5·8

蒙召的圣者啊

当我们爱基督，并为祂的缘故恨恶自己时，我们就会感到幸福。你能为基督放弃世上你所爱的一切吗？主说要尽心、尽意、尽力地爱祂。来自被造物的爱不仅容易改变，而且是虚假的，但基督的爱是永恒且真实的。被造物是不完全的，绝对不能依靠，但将自己献给基督的人，总是依靠祂，与祂同在。当你厌恶和否定自己时，你真的感到幸福吗？如若不是，再次来到十字架面前吧。

你要尽心、尽性、尽力爱耶和华你的上帝（申6:5）

蒙召的圣者啊

武装自己，与罪争战吧！抑制欲望，放弃享乐主义倾向。不要懒惰。每日祷告。每日读上帝的话，写下来并进行默想。每件事都要慎思明辨。无论面对何人何事，都要有分辨力。服侍共同体，要注意不可对其漠不关心，怀着爱共同体的心为其竭力祷告。若你愿自己更完全，就当认真持守个人的敬虔时间，要这样操练自己。从你能做的小事开始逐一实践吧。

只是要弃绝那世俗的言语和老妇荒渺的话，在敬虔上操练自己（提前4:7）

5.10

蒙召的圣者啊

请每日默想上帝的恩典，消除心里的怀疑。比起饱含世事的书，要多读灵性深厚的文章。不说没必要的话，不要理会流言蜚语。保持沉默比努力少说话更容易，就像在家里安安稳稳，比在外面得到完美的保护更容易一样。藉着沉默，你可以为默想留出时间。所以，现在熄灭言语的火焰，让默想之火燃烧起来吧。愿你口中的言语，心中的默想，都能蒙主悦纳。

耶和华我的磐石，我的救赎主啊，愿我口中的言语，心里的意念，在你面前蒙悦纳（诗19:14）

蒙召的圣者啊

为什么总是被那些不被你允许的事占据了心？请记住："这世界和其上的情欲都要过去。"(约壹2:17) 情欲总是伺机让你绝望。若你无法忍受被诱惑的那一刻，奔向世界，将很快以沉重的心情回来。快乐的夜晚将以迎接悲伤的早晨而结束。数一数在你人生中多少次激昂澎湃地离开，然后又绝望地回来。再次面临绝望之前，把你的欲望毫无保留地都钉在十字架上吧。

因为往日随从外邦人的心意行邪淫、恶欲、醉酒、荒宴、群饮，并可恶拜偶像的事，时候已经够了(彼前4:3)

5·12

蒙召的圣者啊

要与使你犯罪的恶习进行激烈的争战。即使是已经定型的老习惯，只要彻底进行敬虔的操练，就能胜过。你若离开罪，罪也会离开你。但在这之前，须更专注于自己，而不是别人。不要因别人的事情过于忙碌，不要被上司复杂的事过于受牵连，忍住不去依靠亲切之人。集中精力根除你的“罪”，凡事要有节制。

我的罪孽和罪过有多少呢？求你叫我知道我的过犯与罪愆（伯13:23）

蒙召的圣者啊

千万不要停止追求灵性成长。不要拖延灵性成长的决心。现在立刻做出宣告吧“此时正是与一切罪恶争战之时，是丢弃一切恶习之时！”当然，在你得胜之前，可能会遇到困难和苦楚，你须通过水和火的洗礼才能得享安息，因为不经过苦难，很难得胜罪。只要还活在软弱的肉体中，就无法从罪中得自由，没有苦难和悲伤的生活是不存在的，摆脱罪是不可能的。所以，你要默默承受一切苦难，单单仰望上帝的怜悯。苦难是真正有益的。

我受苦是与我有益，为要使我学习你的律例（诗119:71）

5
·
14

蒙召的圣者啊

人生并不像你想的那么长，要时刻思想死亡，并为其做准备。你是一个有限的人，今天活着，明天可能就不在了，为什么不为死亡做准备呢？为什么只顾眼前，愚昧、汲汲忙忙地活着呢？从现在开始，常将死的日子摆在眼前。跟随基督的人绝不怕死。与其害怕死亡，倒不如避免败坏的罪行，你今天过得如何呢？若今天没能警醒度日，又怎能为明日做准备呢？因为明日又生何事，你尚且不能知道。

主人来了，看见仆人警醒，那仆人就有福了（路12:37）

蒙召的圣者啊

到那日，我们都照各人所行的受审判。无一例外，不是去天国就是进地狱。地狱的虫是不死的，火是不灭的。在那里的一个小时比在这世上活一百年更长、更痛苦，不管在这里有多难，都有休息的空隙，也可以藉着圣徒交通得到安慰，但地狱却是永永远远受痛苦的地方。现在就为自己和民族的罪哀恸悔改吧，以免在审判的日子战战兢兢。到了那日，你将发现对世界愚笨是多么明智。到了那日，所有悖逆的罪人有祸了。

因为我们众人必要在基督台前显露出来，叫各人按着本身所行的，或善或恶受报 (林后5:10)

5·16

蒙召的圣者啊

为了改善并维持生活，还须打仗般努力奋斗，过一心为“善”的生活，岂不要受更多苦，流更多汗，克服更多困难和障碍吗？真想灵性成长，一心为善，就要不断努力克服现在的所有困难，奉耶稣基督的名突破所有障碍，这样，你无论遇到什么困难都必得胜，并常住在主的恩典中。依赖主前行吧。

切不要在行善上做愚昧人。

所以，那照上帝旨意受苦的人要一心为善，将自己灵魂交与那信实的造化之主（彼前4:19）

蒙召的圣者啊

当“试探”扣你的心门时，要断然拒绝，切不可掉以轻心，如此便可击退。有人说过这样的话：“当试探来的时候，从一开始就抵挡它，犹豫不决就来不及了，因为恶越拖延越能获得力量。”最初试探是以非常单纯的“想法”出现的，然后再加上“想象”，最终以“快乐”结束。如果你从一开始就不抵挡它，撒旦将试图占领你的一切。

故此，你们要顺服上帝。务要抵挡魔鬼，魔鬼就必离开你们逃跑了（雅4:7）

5·18

蒙召的圣者啊

到那日，一切都将归正，罪的怒吼也会消失。到那日，凭着信心忍耐到底的人将欢喜快乐，没坚持到底的人将悲伤哭泣。到那日，克制欲望的人，将比在世上随心所欲之人更快乐。衣衫褴褛的义人将比衣着华丽的骄傲之人更高升。到那日，恒久忍耐比世上一切的权利更为可贵。纯朴的顺服比一切世俗的智慧更受尊荣。到那日，清洁的良心比一切哲学的知识更超越，为主受的藐视比世上任何宝物更贵重。务必渴慕即将到来的那日，并以信取胜。

弟兄们，你们却不在黑暗里，叫那日子临到你们像贼一样（帖前5:4）

蒙召的圣者啊

不要因爱基督的缘故在卑微之处服侍而羞愧，也不要因世界指责你贫穷而羞愧。无论去哪里都不要骄傲，单单信靠主。当你承认“我什么都不是”时，在你所行的一切善事上主必帮助。不要依靠你的知识和人的计谋，总要在主的恩典中降卑自己。无论财富多少，都不要夸耀，只夸为你舍了自己的基督。即使你身体健康，容貌秀美，也不要骄傲，人的身体不是很容易被一点点小病击垮吗？即使你有特殊的才能和能力，也不要自鸣得意，这一切不都是主赐给的吗？

因为真受割礼的，乃是我们这以上帝的灵敬拜，在基督耶稣里夸口，不靠着肉体的（腓3:3）

5·20

蒙召的圣者啊

我们怎能不信赖上帝的仁慈和恩典，而信赖其他事物，并寄希望于其上呢？当然，生活中有的事物也能带给我们极大的益处和欢乐，比如：好人、敬虔的弟兄、真诚的朋友、敬虔有益的书籍、优美的文章和赞美。然而，无论多么美好的事物，若没有主的恩典，什么都不是。无论多么伟大的人生，都不如为上帝的旨意而忍耐和舍弃的生活更伟大。你为上帝忍耐了什么？放弃了什么呢？今天你面前也摆着很多美好事物，请从其中选出最宝贵和最有价值的吧，那就是耶稣基督！

只是我先前以为与我有益的，我现在因基督都当作有损的（腓3:7）

蒙召的圣者啊

我们为逃避试探和诱惑而挣扎，但我们越挣扎陷得就越深。所以，请听好。这个问题并不是单纯逃避就能解决的。如果总是回避却不连根拔起，就很难期待信仰进步，不仅如此，试探和诱惑会比以前来得更强烈。对待它不能太轻率，也不能太严格。受试探时，你只须求主帮助。那么，通过忍耐和磨练，将一点点地摆脱诱惑。我们要颂赞从一切试验中搭救我们的主。

祂自己既然被试探而受苦，就能搭救被试探的人（来2:18）

5·22

蒙召的圣者啊

分门结党的人警戒过一两次，若没有任何改变，就转回无须和他争论。把他交给主，恳求主的旨意成就。只有主最清楚怎样让人离恶从善，祂也必如此引导。但与此不同的是，因讨厌某人的缺点而生气争论，就要忍耐接受。你不也是有很多缺点的“人”吗？

分门结党的人，警戒过一两次，就要弃绝他（多3:10）

蒙召的圣者啊

当以坚固的信心站立。为此，你必须常在主里面，不被任何情况或情绪所动摇，更要严格遵行主的话语，保守己心。即使你现在的信心不完全，也不要太着急。你要忍耐等候，盼望披戴圣灵的能力，因信称义。期待主的奖赏，过圣洁的生活。“主人来到，看见仆人这样行，那仆人就有福了。我实在告诉你们：主人要派他管理一切所有的。”(路12:43-44) 我们的主人耶稣基督快来了！

因为还有一点点时候，那要来的就来，并不迟延。只是义人必因信得生，他若退后，我心里就不喜欢他 (来10:37-38)

5·24

蒙召的圣者啊

在信仰生活中“沉默”和“眼泪”是非常重要的，它使你灵性成长，明白隐藏的真理。夜晚在床上静静流下的眼泪，洁净我们的心，阻断世界的声音，使我们与创造主更亲密。主亲近远离世界的人。祂与在内室中求告主名的人同在，而不是行奇迹远离救恩的人。若想信仰成熟，总要留心自己的行为，不用舌头犯罪。要静默等候主的救恩并呼求祂，我们的主永不会对义人的呼求保持沉默。

耶和华啊，求你听我的祷告，留心听我的呼求。我流泪，求你不要静默无声（诗39:12）

蒙召的圣者啊

蒙主恩典的人，纵然遭受难以忍受的苦难和折磨也并不惧怕。恩典是主赐给信祂之人的力量、安慰和帮助。主的恩典胜过一切仇敌，强过一切贤者。主的恩典中有真理，是训练我们的训诲师。主的恩典是心中的光，是患难中的安慰。主的恩典使人为信仰甘心奉献，是所有眼泪的根源。若非主恩，我们就像无用的废弃木头般干枯。此时此刻这样祷告吧：主啊，将你的恩典常摆在我面前，使我可以永远跟随你。让我常靠你行善。

他说："大蒙眷爱的人哪，不要惧怕，愿你平安，你总要坚强！"他一向我说话，我便觉得有力量，说："我主请说，因你使我有力量。"(但10:19)

5·26

蒙召的圣者啊

人的本性倾向恶，今天你认了罪，明天又会陷入同样的罪，刚刚还立定心志谨慎行事，但转瞬间你又任意而行，好像从未立过志似的。像这样软弱而无常的我们，必须更依靠主来持守圣洁和信实。否则，我们将在瞬间失去因恩典而领受的一切。如若我们对主失去热情，最终会怎么样呢？不要失去起初的爱心，现在就要刚强站立，过一心为善的生活。摒弃属灵的懒惰，恳切盼望在圣洁上灵性成长。若非圣洁，无人能享受和平与安息。

那召你们的既是圣洁，你们在一切所行的事上也要圣洁（彼前1:15）

蒙召的圣者啊

可能你不愿意相信，假如你今天死了，大家会很快忘记你，照样过他们的日子。所以，不要依赖人，要不断省察你的灵魂正何去何从。丢弃依赖人的行为，为你的灵魂行善吧。若你不为自己的灵魂着想，死后会怎么样呢？最珍贵的时刻是“现在”。现在正是悦纳的时候，正是拯救的日子。若你这一天不为走向永生而投资，是多么可悲啊！哪怕一天也好，不，哪怕只有一个小时，也要为过敬虔的生活而努力。

看哪，现在正是悦纳的时候，现在正是拯救的日子（林后6:2）

5·28

蒙召的圣者啊

到那日，“敬虔的祈祷”胜过珍贵的食物，“沉默”胜过噪杂的言语，“虔诚的小行动”胜过千言万语，“走窄路”的喜乐胜过世上任何的快乐。到那日你会明白，为主受的苦难使你脱离了永远的痛苦。现在怀着对那日的盼望，为主选择受难的十字架生活吧。如此你将逃脱地狱永远的痛苦。你不能同时选择世上的欢乐和天国。若你逃离苦难的十字架，就不能享受与基督一同作王的荣耀。

基督这样受害，又进入祂的荣耀，岂不是应当的吗？（路24:26）

蒙召的圣者啊

一个信仰热忱的人，会立即服从上帝的任何命令。然而，一个信仰不冷不热的人，四面八方来的杂音接连不断，他得不到内在的安慰，也得不到外在的安慰。人都试图拥有不受任何干扰和约束的自由，但这种生活的结局总是不那么好。圣徒不按照主的律法生活，结局只能是毁灭。在修道院那样的地方，有在那里遵规守矩，将时间分别为圣的信仰之人。在那里，他们不涉世事，深入默想主的话语。少吃，穿着粗糙的衣服，艰苦劳作。操练禁言，凌晨起来祷告。他们遵守诸多律例以此来操练自己。你觉得他们的生活死板和烦闷吗？绝非如此。他们操练过合乎主话语的生活，所以正享受着真正的喜乐和盼望。

他们心蒙脂油，我却喜爱你的律法（诗119:70）

5·30

蒙召的圣者啊

不默想真理之道的人站在众人面前是一件很危险的事情。不懂得沉默的人不用爱心说话也是如此。不服从主治理之人的治理和不顺从主之人而施的命令也是如此。没有清洁良心的人的高兴也是如此。信心的先贤们因惧怕上帝而平安稳妥，他们没有努力谦卑，因谦卑是真圣徒自然而然流露出来的生命的果子。相反，恶人以骄傲和傲慢为盾牌，最终是自欺欺人。

我要指示你们当怕的是谁，当怕那杀了以后又有权柄丢在地狱里的（路12:5）

蒙召的圣者啊

若主允许苦难临到，你就无法逃避它，也无法脱离这苦难带来的痛苦，直到主定意的时候为止。但通过这一时期，你将学习舍己，过效法基督的生活。的确，苦难实在是走向十字架的道路，学习顺从的基础。没有人能不受苦就能理解基督的十字架。如今，要乐意与基督一同受苦，要以同受苦难为乐。作为基督徒，不要以受苦为羞辱，倒要将荣耀归给上帝。

倒要欢喜，因为你们是与基督一同受苦，使你们在祂荣耀显现的时候，也可以欢喜快乐（彼前4:13）

不要为了激烈的生存斗争而拼命
不要为了维护自尊心而拼命
真正要拼上性命去做的到底是什么呢？
要拼了命地献上礼拜，将生命献给主

立定心志进入 6 月的告白

悔改

感谢

恳求

顺从

真正的礼拜者啊

即使给予你高位，也宁愿坐在最低的位置上。高位不是永远的，总有一天要从那个位置上下来。在上帝和人面前，认识到自己的渺小和卑微，时刻保持谦卑，那你就必得到荣耀。不虚张声势，那你就必经历到完全的真理。你要在上帝里面站立得稳，那你就绝不会骄傲。不要求世界的荣耀，只要求天上的荣耀。用你的一切赞美主。

你被请的时候，就去坐在末位上，好叫那请你的人来对你说：'朋友，请上坐。'那时，你在同席的人面前就有光彩了(路14:10)

6·2

真正的礼拜者啊

为主做完一切事情后，你当说："我什么都不是，只不过是一个无用的仆人罢了。"真理说："你们作完了一切所吩咐的，只当说：'我们是无用的仆人，所作的本是我们应分作的。'"(路17:10)若我们过否定自己的生活，那么我们的第一个告白便是"主啊，我是孤独困苦的"。(诗25:16)但是，谁能比这人更富有呢？谁能比这人更刚强且自由呢？你是否找到了从世界中得自由，把自己降卑到最低的方法了呢？你可以毫不犹豫地告白"我什么都不是"吗？

主人来到，看见仆人这样行，那仆人就有福了(路12:43)

真正的礼拜者啊

你想为主做一些特别的事情吗？但是，即使你献出所拥有的一切，这也是不可能的。即使你深刻忏悔也是没用的。即使拥有世上所有的知识，这也是不可能的。无论做多少善事，不，即使献身到死的地步，也是没有用的，因为缺少了最重要的一点。目前你为主做事的动机是什么？是不是因为你完美而利索的性情？还是比别人更富有责任感和正义感呢？是不是为了遮掩罪或想要得到世上的福气？今天你要诚实地察看你的内心。

你所喜爱的是内里诚实；你在我隐密处必使我得智慧。求你用牛膝草洁净我，我就干净… (诗51:6-7)

6·4

真正的礼拜者啊

真正使我们正直和圣洁的不是“知识”，乃是“纯粹的生活”。这便是主所喜悦的生活。然而，当我们把真实的生活与主所喜悦的生活进行比较时，我总是深感悲伤。请听好了，如果你的知识无法让你在生活中顺从主，那有什么益处呢？就算你懂得所有圣经内容，如果没有主的爱和恩典，那又有什么益处呢？即使你能解释三位一体这样难懂的概念，如果不谦卑，那又有什么益处呢？除了热爱和遵行主话语的生活以外，其它一切都是徒劳的。

虚浮的人哪，你愿意知道没有行为的信心是死的吗？（雅2:20）

真正的礼拜者啊

如果你现在渴望的是高尚的知识和通过这些知识获取冷静的判断力，总有一天你会否定“爱”。所以，尽快开始操练自己，视自己为一无是处。要懂得尊重别人的智慧。即使某人的罪行暴露，或者看到某人的罪行，也不要把他看得比你差或随便判断对方，包括你自己在内的所有人不都是软弱的吗？没有一个知识分子能够知道自己的人生还剩多久吗？真爱从来都不是来自知识。当你遇见为你钉死在十字架上的耶稣基督时，才会真正明白何为爱。

不是我们爱上帝，乃是上帝爱我们，差祂的儿子为我们的罪作了挽回祭，这就是爱了（约壹4:10）

6·6

真正的礼拜者啊

世上没有良善的人，不管再怎么讨论善，那又有什么益处呢？愚昧人专注于不重要或有害的事情，即使有眼睛也看不见且意识不到。你是否正沉迷于哲学深奥的问题中？请住在永恒真理的话语里，如此，你就能从所有的理论中摆脱出来。请记住，如果不是真理的话语，任何人都无法做出正确的理解和判断。真理就是一切！遵循真理的人享有平安，不会轻易动摇。通过“生活”而不是“言语”领受真理教诲的人才是真正幸福的人。

你当竭力在上帝面前得蒙喜悦，作无愧的工人，按着正意分解真理的道（提后2:15）

真正的礼拜者啊

现在马上悔改你的罪，并且饶恕那些得罪你的人。如果你对谁有愧，就去请求他的饶恕，那天上的父也必饶恕你。不要耽延，为了得救行动起来。把你里面的毒全都彻底清除，丢弃灰心和懒惰。如此一来，长久以来的烦恼和每日的混乱就会消退，不再妨碍你过圣洁的生活。错过悔改的机会确实是一件可悲的事情。总要严格律己。

你们各人若不从心里饶恕你的弟兄，我天父也要这样待你们了（太18:35）

6·8

真正的礼拜者啊

世界上没有无所不知的智者，所以不要太相信自己，要乐于接受别人的劝告和训诫。不管你的想法再好，接受别人的意见更有裨益，因为这就是分享上帝的爱。与此相反，尽管别人的意见再好，如果你提出各种理由和根据而不接受，这只会暴露你的傲慢和固执。我总是留心倾听别人怎么说，因为我知道接受别人的忠告比给别人忠告要好得多。

你要听劝教、受训诲，使你终久有智慧（箴19:20）

真正的礼拜者啊

如果不干涉别人的言行，我们所有人都会和平共处。但如果不这样做，你很快就会感到心绪纷扰，失去平静。古圣人之所以能够深入默想，其秘诀就是压抑这些欲望，所以能够毫无顾忌地专注于与上帝的相交。另一方面，我们非常情绪化，很容易被即将消失的事物所吸引。有时也能胜过罪，但无法与罪争战到流血的地步。这就是为什么我经常冷静地坐下来。现在不要让你的欲望扰乱你的心，那么，你将经历奇妙神圣的事情。

总要披戴主耶稣基督，不要为肉体安排，去放纵私欲（罗13:14）

真正的礼拜者啊

只要你活在这个世上，就无法摆脱试探。此时撒旦正如同吼叫的狮子遍地游行，寻找可吞吃的人。世上不存在躲避试探和试炼的秘密场所或圣地。“罪”总是在，所以并不安全。因此总要祷告，才能逃避试探，不陷入罪恶。无罪的耶稣还按照世上的习俗献上祷告，作为罪人，我们该恳切祷告到何等程度呢？

耶稣出来，照常往橄榄山去，门徒也跟随他。到了那地方，就对他们说：“你们要祷告，免得入了迷惑”（路22:39-40）

真正的礼拜者啊

许多人在不知不觉间变得自私，寻求自身利益之人的特征正是如此。当愿望成真或做自己喜欢的事情时就有安全感，但事情不如意时，就会非常沮丧和悲伤，对于别人的感情或想法，无法感同身受，人际关系很容易破裂。放不下自己的方式，自以为义，固执己见，坚信自己有信心却不行善。你希望信心切实得到提升吗？那就把你的利益和方法全都放下，顺服基督吧。祂愿你完全降服。不再依靠你自己，而是依靠祂对你的爱。祂的爱超越人的智慧，从不自私。

(爱是)不作害羞的事，不求自己的益处，不轻易发怒，不计算人的恶 (林前13:5)

6·12

真正的礼拜者啊

看看信仰先驱们的生活，他们没有随从世界所追求的生活，为了住在真理的光中，忠实地过着信仰生活。在饥饿和口渴、寒冷和赤身、劳作和疲惫、通宵和禁食、逼迫和苦难中忠诚地侍奉主。打开你的圣经。有多少信心的先驱们为了追随基督的脚步经历了残酷的试炼！他们丝毫没有迷恋这个世界，只求永远的生命。啊，对照他们的生活，再看看我们今天的样子，深感悲伤。

信就是所望之事的实底，是未见之事的确据。古人在这信上得了美好的证据（来11:1）

真正的礼拜者啊

古圣先贤们自愿放弃了世界的财富、权利、名誉和世俗关系。他们不奢求世界的任何东西，只拥有生活所需最起码的东西。在世上，他们虽然贫穷，却使许多人富足，生活中满了上帝的恩典和安慰。在世上，他们是异乡人，但对主来说是亲密的朋友。在世上，他们被蔑视，但却被主重视。他们谦卑真实，并立即顺从上帝的话。他们每天进到上帝面前，享受其恩典。如果你羡慕或惧怕这个世界，在属灵上就绝不会富足。所以，不要误以为同时能拥有属世和属天的事物。

似乎忧愁，却是常常快乐的；似乎贫穷，却是叫许多人富足的；似乎一无所有，却是样样都有的（林后6:10）

6
·
14

真正的礼拜者啊

在生活中我们制定很多计划，并且常常是制定多少失败多少。你是那种以坚强意志执行计划的人吗？如果意志坚强的人也屡次失败，那意志薄弱的人呢？敬虔的操练也是如此。很多时候因为一时的怠慢而失败。所以，现在要尽力抵挡围绕在你周围的一切邪恶。留意你的灵魂和肉体，注意并治理它们，这是追求完全的关键。敬虔不是一蹴而就的，是通过操练并从自己的努力中得来的。

教训我们除去不敬虔的心和世俗的情欲，在今世自守、公义、敬虔度日（多2:12）

真正的礼拜者啊

无论多么虔诚忠实的圣徒，也没有人能保证他一生是安全的，反而名气太大，会让其陷入危险。身边有多少人因名声在外而跌倒啊。拥有的不多，是使你免于诱惑的秘诀。所以不要骄傲。不要试图向上帝以外的任何事物寻求安慰。有无愧良心之人不追随享乐，也不被世俗的事情束缚。这样的人不忧虑，心平气和，向往圣洁，而且向真理的上帝祈求有益于灵魂的事情。

骄傲在败坏以先；狂心在跌倒之前（箴16:18）

6·16

真正的礼拜者啊

如果想灵性成熟，就要背起更重的十字架跟从主。对基督的爱越深，痛苦就越大，但痛苦最终将变成盼望。即使肉体衰残，灵在恩典下会变得更强。纵然试炼和困境不断，但会因此变得更强大。所以不要祈求无痛苦的生活！我们不应该求自己所愿的，而是单单寻求符合上帝标准的。从此要随从圣灵，过成熟基督徒的属灵生活。肉体讨厌和逃避的事物，要甘心接受。要学习如何爱十字架。

而且属肉体的人不能得上帝的喜欢（罗8:8）

真正的礼拜者啊

有时爱心会变质，变得渴望得到回报，为自己谋利，以至于心里刚硬。但住在基督的真理和爱中的人，无须为此担忧。住在基督里的人不求自己的益处，所求的一切都只为了上帝的荣耀。他们不求心想事成，不求自己的安危，不与他人相争，只将荣耀归于上帝。若你过着因真爱自我牺牲的生活，就会明白对世界的执着是多么虚妄。

惟用爱心说诚实话，凡事长进，连于元首基督（弗4:15）

6·18

真正的礼拜者啊

人都需要吃、喝、睡和休息。但是基督徒不只是为了吃喝而活着。相反，不随着肉体的私欲，乃照着圣灵行事，就会因体贴肉体而感到悲伤和痛苦。当然，这种痛苦并不长久，因为总有一天会摆脱所有的痛苦，得享完全的自由。追求灵性的人深知自己会在地上受苦，心中哀恸地活着，因他们深知人类的本性已经堕落，所有人都随心所欲地生活。诗篇作者如此恳求："我心里的愁苦甚多，求你救我脱离我的祸患。"(诗25:17) 如果你是一位真正的基督徒，这将成为你的祷告。作为圣徒，不要回避痛苦，回避的人有祸了。喜爱败坏生活的人更有祸了。如果不回转归向主，继续这样生活下去，就无法进入上帝的国。

因为上帝的国不在乎吃喝，只在乎公义、和平并圣灵中的喜乐(罗14:17)

真正的礼拜者啊

长寿不一定是好事，因为你活得久可能会犯更多的罪。信仰的年数也是如此，不是说信仰的年数越久就更敬虔。惟有在每日的生活中，认真做好死亡准备的人是有福的。哪怕现在，你若对死亡有深刻的认识，就会从这世上的危险中得以解脱，从恐惧中得以释放。千万不要惧怕死亡，反而要感到高兴。请充满对天国永恒生活的盼望。

并要释放那些一生因怕死而为奴仆的人（来2:15）

6·20

真正的礼拜者啊

有的人一悔改信主就面临很大的考验，有的人是在人生的最后阶段，还有的人一生都在试探中煎熬，有的人很快就脱离了试探。之所以如此不同，是因为上帝拣选每个人的旨意不同。保罗说："在受试探的时候，总要给你们开一条出路，叫你们能忍受得住。"（林前10:13）你正在苦难中吗？不要绝望，来寻求主的帮助吧。要将你的全人交托给主，谦卑俯伏在祂面前。主拯救谦卑的人。受苦时，要努力行善立德。如此，你的信心将得到很大的提升。请记住，人生平坦顺遂的时候，追求敬虔并不难，但受苦的时候并非如此。因此，我们要在苦难中忍耐到底。

弟兄们，你们要把那先前奉主名说话的众先知，当作能受苦、能忍耐的榜样（雅5:10）

真正的礼拜者啊

越是深入默想、内心单纯的人，越会被属天的智慧充满，领悟也就越深。越是单纯、正直、稳重的人，越会为了上帝的荣耀而活，不会感情用事，心中充满喜乐，不自私自利。越是良善敬虔的人，在自己所当做的事情上，越懂得按照优先顺序行事。他们不追随善变和邪恶的本性，而是遵循健康的理性。总是察验自己心中的动机，努力否认自己。他们之所以能够这样生活，是因为他们人生的目的就是降服于基督，向众人行善。

当人生所有的目的都变成基督的时候，我们的人生不可能不改变。

我们若活着，是为主而活；若死了，是为主而死。所以我们或活或死，总是主的人（罗14:8）

6·22

真正的礼拜者啊

这是一个介于希望和绝望之间的一个人的故事。他后悔过去，走到主的祭坛前，谦卑跪下祷告："主啊，如果当时知道我现在所知道的，我定会做那件事。"于是主说："重要的是，你现在就去做，用行动证明你的心！"此后，他不再对将来的事情感到不安，而是在一切事上自始至终地寻求主的旨意，默默地行善。现在你最后悔的事情是什么？不要再活在后悔里，现在立刻行善吧。

我急忙遵守你的命令，并不迟延（诗119:60）

真正的礼拜者啊

如果什么事情都不做，整天赞美主，那该多么幸福啊！无须担心吃什么喝什么，只追求灵性，单单向主礼拜，该有多好啊！不再为了满足生活的需要而做肉体的奴隶，那该多么喜乐啊！可惜的是，在这世上不可能有这样的生活。然而，我们能经历更好的，就是真实地遇见上帝。你不要从被造物中寻求任何安慰，这样不仅可以与主有深入的相交，而且在凡事上心得满足、信心不至摇动，心情不会被世界的标准所左右。在信心中成长，不制造和侍奉必朽坏的偶像，而且单单依靠主，全身心地奉献自己。为了享受永恒喜乐的那一天，今天就离被造物给予的安慰再远一步。

上帝是信实的，你们原是被他所召，好与他儿子
－我们的主耶稣基督一同得份 (林前1:9)

6·24

真正的礼拜者啊

世界上没有任何永远可以停留的地方。我们是寄居的，是朝圣者，可你是否在这世上正寻找安息之所呢？当爱慕属天的事物，而不是转瞬即逝的地上的事物。不要落入世界的圈套中，也不要依附世界。世上的一切即将变为无有。我真诚地希望你不要如此灭亡。要常将你的心定睛在基督身上，与祂建立亲密的相交。可是，你知道何谓爱慕属天的事物吗？若你还不清楚，那请你深入默想基督为你甘心受的苦难和圣伤。

我们若靠基督只在今生有指望，就算比众人更可怜（林前15:19）

真正的礼拜者啊

不要太在乎和你站在一起的人是谁，和你对立的人又是谁。不要怕被人伤害。只要关注上帝所行的一切事。主保守清心的人，帮助在苦难中默默仰望祂的人。所以，不要依靠人，在那帮助我们，从一切忧虑中释放我们的主大能的手中持守住你的位置。自行降卑且告白说："我没有什么比你强。"否则，你的信仰还没有任何信心上的长进。

我虽然行过死荫的幽谷，也不怕遭害，因为你与我同在；你的杖，你的竿，都安慰我（诗23:4）

真正的礼拜者啊

竭力过敬虔的生活吧，让你的一切行为满有荣美。即使得不到人的认可，也要全力以赴。要饶恕那无法饶恕的人。不要论断他人。人都愿意和友好善良的人交往，跟好人亲近并不难，但跟心术不正、使人焦虑的不成熟之人很难亲近，也不想与之交往。但是，如若你先走近罪人，这便是在过主所喜悦的生活了。或许，你正在生某个人或你自己的气吗？你要来到十字架面前，诚实地省察自己。那么，你将明白自己离主的慈爱和谦卑有多远了。

你们若单爱那爱你们的人，有什么可酬谢的呢？就是罪人也爱那爱他们的人（路6:32）

真正的礼拜者啊

你要凭无愧的良心生活，在主里喜乐。那么，在逆境中就必得力量，欢喜快乐。不要作任何被人指责的事情。那么，无论何时何地都会得享平安。然而，心怀恶念之人必遭抵抗和恐惧。耶和华说："恶人必不得平安。"（赛48:22）当恶人说："我们没有任何恶意，也没有伤害任何人"或"我们在高呼和平"时，不要相信。他们的恶行终归是毫无价值，他们的恶念必会消逝。今天你怀着怎样的心态生活呢？恳求主察验你、试验你、熬炼你的肺腑心肠。

耶和华啊，求你察看我，试验我，熬炼我的肺腑心肠（诗26:2）

6·28

真正的礼拜者啊

就算在这个世上拥有你想要的一切，这种快乐能持续多久？成功如同过眼云烟转瞬即逝，其荣耀也一样。我们坚信能带给我们幸福的世上的成功，反而会让我们受到刑罚。这正是主的公义和正义。毫无知觉地寻求并追随快乐的人无法尝到主的喜乐，对灵魂毫无苦恼的快乐绝不会长久。你要明白世上的一切快乐消失得多么快，多么虚伪。为了快乐而招致灵魂死亡的人，毫无理性像野兽般行动的人，喝醉酒跌跌撞撞的人，这些人绝对不会明白这一点。

不要爱世界和世界上的事…（约壹2:15）

真正的礼拜者啊

当你从被造物中得以自由时，基督将住在你里面。但当你远离基督时，你所依靠的一切将会倒塌。请不要依靠世上的荣耀，因它如刹那间干枯的花草。不要只追求外在眼见的事物，否则很容易被撒旦迷惑。不要从外在的事物中寻求安慰，否则将会灰心失望。你当寻求基督，因祂是一切，寻求的人必得着。相反，只为自己活的人终将灭亡。

要寻求耶和华，就必存活，免得他在约瑟家像火发出，在伯特利焚烧，无人扑灭（摩5:6）

6·30

真正的礼拜者啊

基督在地上被极度藐视。祂在最需要帮助的时候遭到了所有人的抛弃(可14:50)，一个门徒背叛祂，把祂卖了。但基督为了我们所有的罪人甘愿钉死在十字架上。如果我们稍微思想一下被钉在十字架上的基督，就不敢抱怨了。但是看看我们现在的样子，因不能和所有人亲近而焦急。不受任何苦，不愿意忍耐任何人事物，却试图得到回报。既然拒绝为基督受苦，我们怎么能作祂的朋友呢？若想将来与基督一起统管治理，就要与祂同在，并且为了祂甘心乐意地受苦。

因为你们蒙恩，不但得以信服基督，并要为他受苦(腓1:29)

不要轻易说所有的成功都是祝福，
所有的苦难都是咒诅
深入默想基督为你所受的苦难和他圣洁的伤痕

立定心志进入 7 月的告白

悔改

感谢

恳求

顺从

我所爱的人啊

与其担心"即使排名垫底，我也能进天国吗？"，你更要关注"在那里谁最大。可是在我的国度里，即使是最卑贱的人也为尊为贵，因为都是蒙召的我的儿女。当门徒问"天国里谁是最大的？"，请记住我的回答："我实在告诉你们：你们若不回转，变成小孩子的样式，断不得进天国。所以，凡自己谦卑像小孩子的，他在天国里就是最大的"。(太18:3-4)藐视那些降卑至小孩子样式的人有祸了，即使天国最小的门也不允许他们通过。那些以世上财富为安慰的人也有祸了，当贫穷人进入天国的时候，他们必站在门外哀哭。谦卑的人啊，欢喜吧！贫穷的人啊，大大欢喜吧！天国属于你们，属于在真理中凭信心而活的人。

耶稣却叫他们来，说：让小孩子到我这里来，不要禁止他们，因为在神国的正是这样的人（路18:16)

7·2

我所爱的人啊

在苦难中真实忍耐的人，不在乎自己所面临的苦难会带来多少不幸，苦难有多频繁，还有苦难来自于谁。重要的是将苦难视为“上帝的手”感恩领受，在苦难中细数忍耐的赏赐。所爱的人啊，起来，与我同去，这样必战胜任何艰难困苦。你渴望得胜吗？准备争战吧！不奋斗怎能得忍耐的冠冕？拒绝苦难等于拒绝冠冕，所以像大丈夫一样起来勇敢面对苦难，忍耐到底。正如没有劳苦的安息毫无意义一样，没有争战的胜利也是如此。

义人多有苦难，但耶和华救他脱离这一切（诗34:19）

我所爱的人啊

你愿常住在我里面吗？那么，除去里面的旧酵，洁净你的心，隔绝世上的一切喧嚣，在灵魂的哀恸中承认自己的罪吧。你们为了亲近所爱的人，不断努力牺牲自己，但仅靠人的努力是无法来到我面前的。唯有依靠我的恩典才能。这就如被邀请参加王筵席的乞丐，除了谦卑的表示感谢外，无论拿什么都无法报答其恩惠。很多人争先恐后地说：“我为主做了这些，做了那些”，但记住，这些事可能都与我无关，所以不要用偏离真道的无谓牺牲来折磨自己。

你们既是无酵的面，应当把旧酵除净，好使你们成为新团；因为我们逾越节的羔羊基督已经被杀献祭了（林前5:7）

7·4

我所爱的人啊

远离“争论”这条险路，走在“真理的路”上，才是真正的“福”。但许多人追求超出自己能力范围的知识，背弃了对我的信靠。我所爱的人啊，你真正所需的不是高尚的知识，也不是探究天上的奥秘，惟有信心和信实的生活。这世上发生的一件小事你都无法理解，怎能明白属天的事呢？你只要顺服我，让信心掌管你的理性。这样为你所预备的悟性之光将会闪耀。你要遵循我的教导。敬虔且谦卑地生活。我必亲自带领你更深地经历真理。

求你叫真理的话总不离开我口，因我仰望你的典章（诗119:43）

我所爱的人啊

为何你的内心充满欲望？为何你任意而行？为何你迷失在虚幻的幻想中？为何你如此执着于外表却不顾内心？你为何远离忏悔的眼泪？为何只贪图自己的安逸和快乐？为何喜闻奇闻？为何拼命积攒钱财？为何随口说话，轻慢行动呢？为何你只贪肉体的食物，却对灵性食物即上帝的话充耳不闻呢？为何喜欢虚谈？为何无法专心礼拜？为何领圣餐时毫无感动反而散漫？为何不默想上帝的话？为何总喜欢找出别人的缺点？为何不如意就有气无力，万事亨通才开心？为何不做你决定要做的善事？我所爱的人啊，为这样的自己哀恸吧！

你们要哀号，因为耶和华的日子临近了！这日来到，好像毁灭从全能者来到 (赛13:6)

7·6

我所爱的人啊

起初，我把我口中的话赐给了先知，现在仍一如既往的通过我的仆人传达我的旨意。但你们既然听了我的话语，怎么还是如此冷淡呢？怎么更喜欢听世上的声音？如果现在你已被世上的声音所包围，你便做好了随时体贴肉体的准备，是热心服侍世界的人，是渴求人爱的人。在这个世上，有谁单单仰望赐下永恒之约的我呢？有谁以服侍世界的热情，顺服且服侍我呢？

以色列人哪，你们深深地悖逆耶和华，现今要归向他（赛31:6）

我所爱的人啊

我要指教你我所喜悦的是什么。不要以为行了许多善事，就自以为良善。你实在是一个“罪人”。因为罪，活在激情和混乱的漩涡中，容易倒向无价值的事物中，是一瞬间坠落被征服的存在，没有一点可夸的。惟有站在我面前看清自己的本相，以真理看清我的行为。那么，你将明白自己是一个罪魁，必定单单依靠我。承认并悔改你的罪，才是我最喜悦的。

因此我厌恶自己，在尘土和炉灰中懊悔 (伯42:6)

7.8

我所爱的人啊

仇敌魔鬼将用一切方法诽谤你，会尽力让你从所有的敬虔训练、效法信心先祖的行为、对苦难的神圣沉思和行善的坚定意念中转回。当你疲倦或感到害怕的时候，仇敌魔鬼将输入恶念让你远离祷告和默想，因为不喜欢你谦卑的告白，想方设法地妨碍你向上帝礼拜。我所爱的人啊，撒旦已在你面前设下网罗悄然等候，你要常常警醒。要时常提防虚荣的自我满足和骄傲。切记，许多人已被它引入歧途。当以自傲没落的人为鉴，使自己更加降卑。

务要谨守，警醒。因为你们的仇敌魔鬼，如同吼叫的狮子，遍地游行，寻找可吞吃的人（彼前5:8）

我所爱的人啊

很多人当事情没有按自己的计划进展时，要么非常急躁，要么非常懒惰。但不要按你的意愿做任何事情，而是要知道：惟有我耶和华引导你的道路！我不是按人的意愿，而是按我喜悦的旨意向我所拣选的人施恩宠。我所爱的人啊，有些人自以为在享受恩宠，却最终走向灭亡。他的问题是什么呢？一个是毫无分辨的冲动行事，另一个是只热衷于建设快要倒塌的自己的帐幕。对于祂，你真正需要的是什么？那就是：不是自己展翅飞翔的方法，而是对祂单单的信任和谦卑。

人心筹算自己的道路；惟耶和华指引他的脚步

（箴16:9）

7·10

我所爱的人啊

让我成为你最高且最终的目的，这样就不会偏向恶，从一切的邪恶和污秽中得以洁净。若不这样做，你的内心很快会崩溃且荒废。你要住在我的恩宠和慈悲里。这样，嫉妒、心胸狭窄和自恋就不会占据你的心。渴望我的爱吧！这样我便能征服你的一切，使你的灵魂刚强。我所爱的人啊，把你的一切交给我吧，我不是给了你一切吗？别忘记我是这世上一切的源头。你当到我这活水源泉来喝生命水。你就近我，服侍我，便会经历恩上加恩。但如果远离我，自取荣耀和享乐，你就不明白真正的喜乐，背负重担走苦恼的人生路。

祂又对我说：都成了！我是阿拉法，我是俄梅戛；我是初，我是终。我要将生命泉的水白白赐给那口渴的人喝（启21:6）

我所爱的人啊

即便是再良善的事，也不要过度发热心折磨自己，要懂得节制，然而要全力以赴强烈抵抗你肉体的欲望，支配你肉体的私欲。对小事感到满足和喜乐。要不断操练自己过圣洁的生活。要寻求圣灵的带领并追随顺从。要常常警醒祷告，以免你随心所欲，它会让你享受暂时的快乐，但会让你后悔一辈子。要追求至善的，而不是眼睛看为好的。若是违背我的爱，要果断拒绝。

我说，你们当顺着圣灵而行，就不放纵肉体的情欲了（加5:16）

7·12

我所爱的人啊

不完全依靠我的人，只爱自己又热切盼望不义。与此相反，完全依靠我的谦卑之人行的正，绝对不自私，也不会从被造物求任何安慰。使徒保罗说“因为蒙悦纳的，不是自己称许的，乃是主所称许的。”(林后书10:18)世界使人吹嘘“爱自己”“表现自己”“炫耀自己”，但是我的国与之不同。必须厌恶自己，否认自己，要降卑。要在主里夸口。我所爱的人啊，请远离对世界的所有渴望，发自内心的与我开始同行吧，这才是属灵的人该有的心态。

但夸口的，当指着主夸口（林后10:17）

我所爱的人啊

请记住，无论在你眼里多么善良和正直，不都是从圣灵而出。你虽然告白“只愿成就主所喜悦的事，使主名得荣耀的事”。但是你怎么分辨我喜悦和荣耀我的事呢？怎么知道你所要做的事是出于圣灵或者恶灵呢？之前许多人确信是圣灵的引导，结果发现自己错了，流下了眼泪。我所爱的人啊，每天经历公义的话语吧。若没有脱离神圣言小学的开端，你们也会成为这样的人。

惟独长大成人的才能吃干粮；他们的心窍习练得通达，就能分辨好歹了(来5:14)

7·14 我所爱的人啊

我听到了你的叹息声，也知道你的渴望。你迫切渴望永远居住的天国，但是时候还未到，先要经历奋斗、劳苦和苦难的时间。我所爱的人啊，你希望自己是一个不容忍任何恶的良善之人，但现在不行，因为只有我是良善的，所以要安静等候我国度的降临！你要在我留下的这片土地上得到更多的熬炼。看哪，我在苦难的火窑里试炼你。虽然多有苦难，但也满有从我来的诸多安慰。

不但如此，就是在患难中也是欢欢喜喜的；因为知道患难生忍耐，忍耐生老练，老练生盼望（罗5:3-4）

我所爱的人啊

要不断地、热切地寻求我的恩典。要好好忍耐等候，盼望蒙恩的那日，但那日子和方式要全然的交给我。在漫长的等候中，有时你觉得里面没有信心，然而不要就此灰心或伤心。如果每次求恩典都能得着，这样的生活你是无法承受的，因为人是非常软弱的，所以用谦卑和忍耐安静等候我的恩典。要全心全意竭力献上你自己。放下你自己的目的，完全降服我。这样会与我联合。会让你经历只有顺服带给你的喜乐，幸福还有满足。

愿耶和华使祂的脸光照你，赐恩给你（民6:25）

7.16

我所爱的人啊

有时我给予的教诲适用于所有子女，有事我给予的教诲仅适用于一位子女。有时，我会间接的告知，有时用确实的神迹让人直接领悟。这就像即使是蕴含同一个教训的一本书，每个读者领受的感动不同一样，我知道你们一切的心思意念，所以拣选合我心意的人，教导并引导他行善。我是教导真理的老师，也是监察人心的。我的教导与世界不同，没有任何噪音，没有分歧和冲突，也没有因野心争论引起的任何混乱。

耶和华啊，求你将你的律例指教我，我必遵守到底（诗119:33）

我所爱的人啊

不要被世上的任何事物所捆绑，也不要成为它们的奴隶。作为真正的基督徒，作为我的子女，不要被任何事物捆绑，要自由。将你一切所有归属我。我的众圣儿女是践踏世界并站立其上，深入默想永恒之人，是左眼看世界，右眼注目仰望天上圣洁之人，不会被非永恒的被造物夺去了心。因为遵循创造主的秩序，在被造物中不留任何无秩序的痕迹。但是我所爱的人啊，你的眼睛一整天所注目的是哪里？你手中紧紧攥着的是什么？夺走你所有心意的那人是谁？你要判断现在这一切是否引导你走向天国。

你们是重价买来的，不要作人的奴仆（林前7:23）

7·18

我所爱的人啊

到我这里来学“顺从”吧。要伏在所有人脚下，放下自己的意志顺从掌权者。要对付你自己，而不是别人。不要容忍你内心的骄傲。惟用谦卑和卑贱妆饰自己。让世界像践踏路上的尘土般践踏你吧！如尘土般一文不值的人啊，你还有什么可抱怨的呢？你是伤我心的罪人，又是在我眼里又爱又尊贵的人，当在我的爱里忍受所有的耻辱，直到完全顺服和谦卑为止。

所以，耶稣要用自己的血叫百姓成圣，也就在城门外受苦。这样，我们也当出到营外，就了祂去，忍受祂所受的凌辱（来13:12-13）

我所爱的人啊

诸如“信心先祖中谁更圣洁和在天上谁更大？”这类的主题，你不要争论或提异议。你要看看，因为这些问题你们中间引起了多么没有意义的争吵和争论，又有了分门结党的事。这只是你们凭着肉体做出的判断，并不是出于我！我不是混乱的上帝，而是和平的上帝。当你不趾高气昂，而是降卑己身时，你就可以享受来自我的祝福。我所爱的人啊，不要陷入无用的争论因而浪费时间。不要用无益的话来扰乱我的秩序，相反的，仔细观察信心先祖的生活，并效法他们，过如信心先祖般的生活。

因为上帝不是叫人混乱，乃是叫人安静（林前14:33)

7.20

我所爱的人啊

你对完全之道了解得越多越感到茫然吗？感觉实在走不下去吗？但不要放弃，而是为此更加恳切祷告。舍弃爱自己的心。“自爱”必成为你脚前的网罗，但“否认自己”将坚固你的步伐。因我常与你同在，所以要刚强壮胆进入完全的地步。留心听我的声音，一步一步前行，你的一生将在平安和喜乐中度过。

要修平你脚下的路，坚定你一切的道（箴4:26）

我所爱的人啊

在利己之心笼罩的世界上，寻找纯真的人绝非易事。有时经历许多事情后也会瞬间失去之前纯真的眼神。那时，许多犹太人聚集来到伯大尼纯粹是为了看我吗？不是的，实际上他们是为了看复活的拉撒路。（约12:6）那么你呢？是单纯的仰望我吗？还是要看我所施行异能的手呢？只愿得着我？还是更愿得着我所赐的礼物？所爱的人啊，要单单注目我，洁净自己。那么在恶势力的妨碍中也不会失去我，将在纯真的爱中常与我同行。

有一件事，我曾求耶和华，我仍要寻求：就是一生一世住在耶和华的殿中，瞻仰祂的荣美，在祂的殿里求问（诗27:4）

7
·
22

我所爱的人啊

如果你以属世的安息为目标而活，怎能达到属天的安息呢？不是为了世上无价值的安息，而是为了永远的安息而寻求“忍耐”。要记住，真正的平安不在地上，而在天上，不在任何人或被造物上，只在于我。因此，在我爱里喜乐地接受和忍耐一切，即劳苦、哀恸、诱惑、试炼、忧虑、软弱、穷乏、重伤、谴责、羞耻、失落、惩治和藐视。只要是圣洁的圣徒都会经历苦难，苦难对你的灵魂大有益处。为了得着真正的安息要忍耐到底！当忍受苦难。那么，最终你将在永恒的安息中得着生命的冠冕。

你们常存忍耐，就必保全灵魂（路21:19）

我所爱的人啊

我真想问你：如此热心祷告是否只是为了我的荣耀。看看你的祷告多么被“自爱”和“自我荣耀”所沾染。被利己所玷污的祷告，与到我这里夺走东西的强盗有什么区别？你在祷告的言语中区分出来何为求自己的利益，何为求我的荣耀，试着区分什么是为了你的感受，什么是体贴我的心意。我所爱的人啊，要先求我的国和我的义。那么不仅赐给所需的，还要加给你一切，也会悦纳你所有的祷告。如果你能作出公义的判断，就放下自己的欲望和利己之心，单单求我的荣耀吧。

你们要先求他的国和他的义，这些东西都要加给你们了（太6:33）

7.24

我所爱的人啊

不管多么好的挚友，你在他里面寻求平安的那一瞬间，你的人生就会动摇。但是若你相信永生，在真理上坚定不移，即使朋友离开你，甚至死亡，你也不会陷入无尽的痛苦中。我所爱的人啊，你对朋友的心也要建立在我这永远的磐石上。再怎么良善可爱的朋友，也要在我里面爱他。不在我里面的友情没有任何力量，也不会长久，不来自于我的爱不仅不真实也不纯洁。我所爱的人啊，希望在你的人生中不再有属世的一切交往。你要祷告不被人情所左右。你从人的安慰中离得越远，就离我越近。你要把我当做挚友，最亲密的朋友。

上帝爱我们的心，我们也知道也信。上帝就是爱；住在爱里面的，就是住在上帝里面，上帝也住在他里面（约壹4:16）

我所爱的人啊

为你自己悲伤吧。只要披着必死的肉体，你的心将常常沉重，生活也会很艰难。那是因为肉体的沉重重担妨碍你敬虔的操练和圣洁的默想。这时，要无限的降卑自己做卑贱的事情。那么，你心中的重担会变得轻省且得到洁净。要忍耐持守，忍受灵魂的饥渴。那么我会用我的平安遮盖你的痛苦。你要敞开心门走向我的诫命之路。那么，你将会告白“我想，现在的苦楚若比起将来要显于我们的荣耀就不足介意了。”(罗8:18)

弟兄们，这样看来，我们并不是欠肉体的债去顺从肉体活着 (罗8:12)

7.26

我所爱的人啊

现在停止悲伤站起来仰望我。伤害你的言语只不过是“言语”而已。言语划破空中，到处飞来飞去，其实无法留下伤痕，所以不要让你听到的恶言恶语刺伤你的灵魂。即使冤屈被诽谤，也不要像漫不经心对你随口说话因而伤害你的人一样，为了我，你要忍耐。但是，若是因你的行为有错而被指责，你就要承认错误，请求得到饶恕，然后思考如何改正你的行为。

说话浮躁的，如刀刺人；智慧人的舌头却为医人的良药（箴12:18）

我所爱的人啊

你若看到在这地上被藐视的信心之辈在永恒的天国戴着冠冕显在荣耀里，你会立刻俯伏在我脚前服从我。与其在这地上享受生活，不如更乐意为我受苦。不会因在世上被视为无价值的存在而悲伤。你虽然在人面前常常告白自己仰望永恒的国度而活，但我知道，只要事情不顺你就抱怨。想问问你，在你人生中最重要的问题是否是“我真的能进入天国？”。抬头仰望，看看站在我身边的信心先祖们，他们在这地上都经历了大患难，如今在天国享受完全的安息。他们会在我父的王国永远与我同在。我所爱的人啊，现在你的生活是走向天国，还是为了在地上享受生活而拼命呢？

我想，现在的苦楚若比起将来要显于我们的荣耀就不足介意了（罗8:18）

7
·
28 我所爱的人啊

我将荣耀你，以补偿你在地上为我所受的一切诽谤和苦难。对于你的悲伤，我要以赞美衣作为补偿。(赛61:3)作为对你卑贱地位的补偿，我将给你永远的权能之位。作为对你谦卑顺服的补偿，我将赐给你荣耀的冠冕，所以今天也要在众人面前谦卑行事。即使他们的要求让你觉得疲惫，请不要抱怨，不管是长辈还是晚辈，欣然接受他们的要求，按公义处理事情。不要像世人一样到处求快乐，只要在我良善的旨意和跟随我荣耀的事情上寻找。

…因你们所行的必得赏赐 (代下15:7)

我所爱的人啊

为什么为明天忧虑？ 如此必忧上加忧。一天的难处一天当就够了。(太6:34)你不要为还没发生的事情提前悲伤或开心，这实在是一件愚昧的事。即使仇敌以现在的执着和对未来的恐惧对你施行恐怖袭击，也不要心里担忧或惧怕。靠着我的爱，单单依靠我。即使我让你经历苦楚，又收回你所盼望的安慰，也不要以为我丢弃了你，那苦难必引导你走向天国。

所以，不要为明天忧虑，因为明天自有明天的忧虑；一天的难处一天当就够了(太6:34)

7.30

我所爱的人啊

对于濒临死亡的人来说，世上任何东西都不会让他感到迫切，但你这软弱的人不太明白这句话的意思。你们不知道放下对世界的执着，也不知道属灵的人多么自由。你真的想成为属灵的人吗？那么放下一切人际关系，好好省察自己。之所以要这样做，是因为能治理好自己，才能好好治理世界。完全的胜利是你死，并因我而活！那时，你会在所有事情上让你的本性和理性服从我，所以你先要成为自己的征服者。

他被挂在木头上，亲身担当了我们的罪，使我们既然在罪上死，就得以在义上活。因他受的鞭伤，你们便得了医治（彼前2:24）

我所爱的人啊

本性是为了自己的利益和快乐而行动，没有回报什么都不做。要么想要与别人一样的待遇，要么想要更好的评价。喜欢听赞美，并且让所有人都喜欢自己。相反的，恩宠是除基督以外，不奢求任何的赏赐。因定睛在永恒上，所以不在世上寻求自己的需要。本性是把高高在上的身份和高贵的出身当作光荣，像自己一样，向奉承权利和讨好有钱人鼓掌。相反的，恩宠是爱仇敌，不夸自己的人际关系，不重视身份或出身，比起富有的人，他们更珍惜贫穷人，比起有能力的人，他们视软弱纯洁的人为伟大，喜欢真实的人，常常劝做善事，因行德想要效法基督。那么你现在过的是蒙恩之人的生活吗？

因为这样的人不服侍我们的主基督，只服侍自己的肚腹，用花言巧语诱惑那些老实人的心（罗16:18）

不要侧目而视说：“我爱自己有什么问题吗？”
你人生的问题就是从这开始的
自恋会成为网罗，否定自己会引到生命道路

立定心志进入 8 月的告白

悔改

感谢

恳求

顺从

我所爱的主

主知道什么是至善的，所以按主所喜悦的旨意，将那事成就在我身上。在主的时间，主所定的地方，按主的心意，把主所愿的赐给我。求只按主你的旨意使用我。求你在这世代中引导我，让我做你所喜悦和荣耀你的事。因为我在主你手中，求主按你的旨意引导我，因我是主的仆人，请你向我说话。我愿听从主的话语！主啊，请帮助我，让我不再按肉体所愿的而活，乃是过主所喜悦的生活。

说："父啊！你若愿意，就把这杯撤去；然而，不要成就我的意思，只要成就你的意思"（路22:42）

8·2

我所爱的主

你的仆人先知只会说预言，但主必成就其旨意。先知只会显现主的奥秘，但主能将奥秘完全解开。先知只能宣布律法，但主能帮助我们遵守。先知只能提示道路，但主在那条路上与我们同行，并加添力量。先知所行的，局限在所看见的外表层面，但主使我们领悟，并且教导我们。先知只能浇水，但主使之成长。先知只能呼喊上帝的话语，但主帮助我们遵行话语。亲爱的主，不要通过主的仆人转达，乃是永恒真理的主直接对我说话。不要让我依靠主的仆人胜过依靠主。

可见栽种的，算不得什么，浇灌的，也算不得什么；只在那叫他生长的上帝 (林前3:7)

我所爱的主

我敢到主面前告白，求你记念我。我是如虫般卑微的人，不，比这更卑贱更卑鄙。我是一无是处，一无所有，靠自己一无所成的人。但唯有我的主是良善、公义、圣洁的，凡事都能，是超越和充满一切的主。你所行的一切事，都有其美意。亲爱的主，我没有在这残酷的世上生存下去的能力，所以请照着您无限的慈悲恩待我。

你这虫雅各和你们以色列人，不要害怕！耶和华说：我必帮助你。你的救赎主就是以色列的圣者（赛41:14）

8·4

我所爱的主

在生活中，我愿总这样告白“主是我的荣耀，是我的盼望，又是在患难中的避难所”。但我对主的爱和善仍不完全。亲爱的主，请坚固如此软弱的我，把我牵引到你面前，教导我圣洁的律例，使我从奔向恶的欲望和所有无秩序的情感中得以释放。求你洁净我。那么我将成为一个因爱而预备的人，因苦难而完全的人，因忍耐而得以坚固的人。

主耶和华啊，你是我所盼望的；从我年幼，你是我所倚靠的（诗71:5）

我所爱的主

万王之王耶稣降卑自己，以人的形象来到地上。创造天地万物的主，为了罪人，舍弃了自己的生命。亲爱的主，我拿什么报答这莫大的恩典？我愿用我的一生服侍主。从今以后，哪怕只活一天，也要为主活。我愿做最有价值的事，尽心竭力服侍主，全心全意赞美主。愿我这一生单单高举主名而活。惟有主配得所有的荣耀和赞美，你是所有人的真主人。

你这虫雅各和你们以色列人，不要害怕！耶和华说：我必帮助你。你的救赎主就是以色列的圣者（赛41:14）

8·6

我所爱的主

我里面为得世上的安慰，所盼望和追随的实在是太多太多。但是从现在开始，我立定心志在主的国度里寻求这一切。因为我领悟到，世上任何的安慰和快乐都不是永恒的。人的安慰实在是毫无用处，且没有意义！此刻，来到我们的真安慰者主面前恳求。主啊，常与我同在。请接纳我，安慰我，让我可以拒绝世上的一切安慰。如果我试图寻求主以外的任何事物为安慰，就请你惩罚我。我把自己交托给永不怀怒，不常责备我们的主。

愿颂赞归于我们的主耶稣基督的父神，就是发慈悲的父，赐各样安慰的上帝（林后1:3）

我所爱的主

我因一点小事也会消沉，陷入悲伤。虽然下定决心对自己说“鼓起勇气”，但小小的诱惑就轻易让我陷入烦恼。有时因小小的事情就心里动摇落入试探。自认为有把握的事，信心十足地说“不会发生不好的事情”，却也会因突如其来的风暴被制伏。主啊，求你怜悯我。主若不帮助我，我便无法存活，必会灰心丧气。清楚了解我何等卑贱和软弱的主，请赐下慈悲，从这深渊中拯救我。我虽然愿意面对试探懂得争战，但无法甩掉猛烈的诱惑，这样每日争战已筋疲力尽。主啊，如此厌烦的事情猛烈扑向我的时候，我为什么无法逃跑，反而被辖制呢？主啊，恳请你怜悯我。

高声说“耶稣，夫子，可怜我们吧”（路17:13）

我所爱的主

主啊，还要耽延多久？请记念我这卑微的人，恳求主恢复我属天的喜乐，用主的手止住这痛苦。主啊，若不与你同在，哪怕是一瞬间，我也无法喜乐。即使坐在丰盛的餐桌上，也犹如无人的空间而已。即使跟很多人在一起，也无法填补我内心的空虚。主啊，请聆听这卑微人的呼喊，速速应允我，直到我里面充满你临在的光，不然，我便如带着沉重锁链的囚徒般悲惨。

求你侧耳听我的呼求，因我落到极卑之地…（诗142:6）

我所爱的主

你是最伟大最刚强的主，是最荣美最令人敬佩的主，是最尊贵最伟大的主。主的名超乎万名之上。主所行的一切尽都完全。我愿通过主让我所听到所看到的一切，更深的认识主。如若不然，我心无法得以满足。我愿超越所有被造物和所有恩赐，只愿单单依靠主。如若不然，我便无法安息，因为真正的满足和安息，只在主里面。

耶和华啊，尊大、能力、荣耀、强胜、威严都是你的；凡天上地下的都是你的，国度也是你的，并且你为至高，为万有之首（代上29:11）

8·10

我所爱的主

主面前的完全人寻求属天的事，而且常常警醒。他不会为了成就什么而战战兢兢，即使无法成就，也不会忧虑，而是将一切全然交托主。他不懒惰，也不会无秩序的爱被造物，懂得远离对物质的执着，享受真正的自由。亲爱的主，我也愿如此完全。请保守看顾我的人生不要被忧虑笼罩。求保护我不受肉体私欲的辖制，不让我被快乐的网罗圈住，从一切黑暗中保守我心，帮助我不被忧虑压垮。让从辖制我灵魂的一切担忧和试探中脱离。

你们要将一切的忧虑卸给上帝，因为祂顾念你们（彼前5:7）

我所爱的主

因我是主的仆人，求让我看到主的凭据，使主的话语在我里面像晨露般结出。虽然以色列百姓对摩西说“求你和我们说话，我们必听，不要上帝和我们说话，恐怕我们死亡”(出20:19)，但我与害怕来到主面前的他们不同。我要像撒母耳一样，全心且谦卑到主面前告白(撒上3:10)“耶和华啊，请说，仆人敬听！”

8·12

我所爱的主

我是没什么可夸耀的、微不足道的人，是没有多少世上财物的贫穷人，所以，感谢主。真心感谢主，让我在世上作为愚昧又软弱的人活着。我知道这是真正的福气。承认自己不足和卑贱的人，不会陷入沮丧或抑郁，并因主而喜乐，但有名望和富足的人不同，因为主与贫穷、谦卑的人和被世界藐视的人成为朋友，也呼召他们作你的仆人，因主立这些人在全地上坐王。(诗45:16)他们在这地上没有抱怨，反而知足。不仅谦卑且俭朴，而且不会陷入罪恶，也不容易被迷惑，为主欣然接受毁谤。即使人的藐视，也以主的爱来领受。所以，主啊，我愿更贫穷、更谦卑、更卑贱。

上帝却拣选了世上愚拙的，叫有智慧的羞愧；又拣选了世上软弱的，叫那强壮的羞愧 (林前1:27)

我所爱的主

对我来说，没有比天父的爱更美好的，没有什么比这更强、更高、更宽的，没有什么比这更喜乐、更充满、更伟大的。爱主的人不会被任何事物辖制，并且享受自由又常常充满喜乐。他不仅拥有一切，也可以给予一切。他注视赐下所有礼物的主，而不是望向主手中的礼物。祂住在一切之上，住在赐所有美好事物的掌权者之中。主啊，愿我的生活中也有这样的见证。我愿更爱主。

爱我的，我也爱他；恳切寻求我的，必寻得见（箴8:17）

我所爱的主

恳求主扶持我，使我在所面临的这苦难中，可以忍耐到底。恳求主在我疲惫倒下之前，止住这暴风雨，给我照亮温暖的阳光。主啊，求你怜悯我。主是全能的主，可以随时挪去我的苦难，随时减轻我的重担。主所行的神迹何其多。慈悲的主啊，在这一切的苦难中，我仰望主权能的手，谦卑来到主面前屈膝恳求，求施恩赐下主的权能。

耶和华的右手高举；耶和华的右手施展大能（诗118:16）

我所爱的主

我看到很多人嘴里说“想深入默想主的真理”，但没有真的付出实际行动。事实上，他们对现实很敏感，对远离世界的艰苦敬虔训练漠不关心，也藐视主的恒久忍耐。亲爱的主，这些自以为义的人，什么时候可以远离这世上短暂且无意义的事物，关心自己的灵魂呢？那么我又如何呢？我仍然无法顺从，犹豫不决中常失去心里的平安。对自己的行为无法严格判断，也无法无视所爱恋的世上事物，即使行了恶行也不叹息归正。主啊，我们所有人须牢记因堕落的恶行在挪亚时期所发的大洪水。要牢记，那时只有寥寥几人得救。

就是那从前在挪亚预备方舟、上帝容忍等待的时候，不信从的人。当时进入方舟，藉着水得救的不多，只有八个人 (彼前3:20)

我所爱的主

主啊，你是我的，我是你的。请天天加增我爱主的心。我愿在这爱里完全融化。愿我里面燃烧向主爱的热情。愿我的嘴唇，不停地向主唱情歌，并且渴望以最圣洁的爱来跟随主。我愿用尽一生传扬主的爱。除主以外，我不愿爱任何事物。忠实听从主话的人，我都愿用真诚的爱去服侍。

良人属我，我也属祂（歌2:16）

我所爱的主

我里面的“旧人”仍然顽强的活着，拒绝被钉十字架，陷入在世界带来的安逸中，不愿离开。亲爱的主，让我只在你的临在中享受满足。单单因主而喜乐。求使我这罪身钉死在十字架上，不再作罪的奴仆。斥责汹涌大海的主，使风浪平息的主，请帮助我抵挡仇敌的一切攻击和世上的一切诱惑，以主公义的判断来审判他们。显出主的作为，让我可以赞美你能力的右手。

因为知道我们的旧人和他同钉十字架，使罪身灭绝，叫我们不再作罪的奴仆（罗6:6）

8·18

我所爱的主

人算什么，你竟顾念他！世人算什么，你竟眷顾他？我是没有任何资格享受你恩宠的人。即使你离开我，不应允我的祷告，我也不能有任何的抱怨。主啊，我真的什么也不是。独自一人行不了任何善事，容易偏向无意义的事。如果没有主的帮助，没有主的教导，我是个最终要灭亡的人。尽管如此，你依然看顾我这个罪人。主啊，我立定心志一生向主感恩，歌唱主的仁爱和良善。

你们要称谢耶和华，因祂本为善；祂的慈爱永远长存！（诗107:1）

我所爱的主

每次有人跟我说“我只跟你说，你绝对不能告诉别人”的时候，我都用沉默守住了秘密。但是，要求我保持沉默后，他不仅背叛我，也背叛了自己，竟把自己的秘密泄露出去了。主啊，经历多次这样的事情后，我才懂得不能轻易相信人的话。我要更加慎重，不能重蹈覆辙。亲爱的主，请从恶人的口中保守我。使我远离虚假和狡猾的舌头。保守我的嘴唇，只说真实和信实的言语。

谨守口与舌的，就保守自己免受灾难（箴21:23）

8·20

我所爱的主

天上所预备的住处，是多么蒙福的地方啊！永远明亮的那地方，是因至圣的真理而发光，不再有幽暗而安全。在地上所经历的一切凶恶将会消失。但是，我仍然是这世上的客旅，仿佛对着镜子观看(林前13:12)，感觉那里很遥远。虽然很想快点跑到那里，但不知不觉就被涌来的世事和情欲所绊倒。我的心想要得着属天的，肉体却喜欢受世事的支配。我的灵想被提到天上，肉体却把我拉到地下。主啊，请怜悯我这担负重担之人。请顾念我与老我争战的内心之苦。

我们在这帐棚里叹息，深想得那从天上来的房屋，好像穿上衣服 (林后5:2)

我所爱的主

我自幼贫穷，不得不忍受艰苦的劳动，默默流下无数的眼泪，并恐惧不安。如今渴慕享受从主而来的喜乐和安慰。因为我是只能在主的光中成长的主的儿女。主啊，请赐给我平安。让圣洁的喜乐充满我。那么，我的灵魂将被赞美的圣歌和委身充满。如若主离开我，我会瘫在地上捶胸叹息。因为与那日的主光临在不同，与在主的翅膀荫下，从各种试探中被保护的日子不同。主啊，请不要离弃我，也不要离开我。

救我的上帝啊，不要丢掉我，也不要离弃我（诗27:9）

8·22

我所爱的主

主知道我在灵性上多么需要成长，知道我是多么需要藉着苦难来得以洁净。我里面隐秘的罪别人不知道，主却都知道。知道我一切的主啊，求按你良善的旨意在我身上行事，施恩给我，使我明白当明白的，使我能爱当爱的，喜悦主所喜悦的。让我珍惜主看为宝贵的。让我恨恶主看为不洁的。亲爱的主，如你知道我的一切，我渴望也能成为明白主心意的人。

我坐下，我起来，你都晓得；你从远处知道我的意念。我行路，我躺卧，你都细察；你也深知我一切所行的（诗139:2-3）

我所爱的主

我承认真正的悔改出于“渴望得蒙饶恕”，此刻屈膝在主面前恳求，请饶恕我这凶恶的罪。那么，被痛苦所捆绑的心将得以释放，恩典得以恢复，逾越因罪带来的震怒，与主享受圣洁的亲吻。我们的主亲近心灵忧伤的人，拯救心中痛悔的人。他并不藐视跪在他脚前流泪悔改的人，反而接纳拥抱。亲爱的主，请引导我，使我可以依靠主的爱谦卑地来到你面前。

上帝所要的祭就是忧伤的灵；上帝啊，忧伤痛悔的心，你必不轻看（诗51:17）

8·24

我所爱的主

我正被凶恶的罪辖制。若没有主的恩宠，无法从罪的深渊中走出来，只能走向灭亡。主啊，恳求你帮助我用你的恩典战胜我邪恶的本性，使我不陷入罪恶的沼泽。为了战胜生来就快快行恶的本性，我屈膝在主面前，求主无限恩典临到我。主啊，通过首先的人亚当罪就进入，我们都成为堕落的人。主所造的良善又真实的本性堕落了，成了恶的象征，因我们自己离善向恶了。但就如在亚当里所有人都死了，在基督里我们所有人都得了生命，因主从死里复活了。亲爱的主，虽然现在我因罪而感到痛苦，但靠着主的宝血，坦然无惧地来到主面前，求主洁净我。

在亚当里众人都死了；照样，在基督里众人也都要复活（林前15:22）

我所爱的主

如果不是主，无论有多少人给我帮助都是无用的。如果不是主，无论我身边有多么强大的助手，也都无济于事。如果不是主，再有名的人也无法安慰我。如果不是主，再有价值的宝物也无法赎我的罪。如果不是主，即使多么隐秘多么美丽的地方，也不能成为我安全的避难所。如果不是主，无论多么看为和平幸福的地方，对我也毫无意义，不能带给我幸福。惟有主是我的一切。如果不是主，我什么也不是。

使他们知道：惟独你－名为耶和华的－是全地以上的至高者！（诗83:18）

我所爱的主

我到主面前恳求，请赐下恩宠，使我成为主圣洁的居所。求主保守我，使我里面没有任何什么可以抵挡主的权柄。以主的良善和仁慈来看顾我。求你垂听死荫幽谷中可怜奴仆的祷告，在这容易败坏的人生中，保护并保全我的灵魂。在你的恩典中引导我行在平安之路，使我可以进入永恒光明的国度。今天我能尽全力所做的，只能到主面前呼求，求主垂听这仆人的恳求。

惟求耶和华我的上帝垂顾仆人的祷告祈求，俯听仆人在你面前的祈祷呼吁 (代下6:19)

我所爱的主

请允许我做主所喜悦的事，使我的心意与主的心意合而为一。放下自己所有的主张，使我单单遵行主的旨意，不去做任何主所厌恶的事。亲爱的主，我愿向着世界的一切死，愿轻视高喊“成功”和“自恋”的生活。所以，我最终愿在主怀里享受安息和平安。因主是必不摇动的，我将在主的平安里，在至高至善的主怀里，享受安息。

我必安然躺下睡觉，因为独有你－耶和华使我安然居住 (诗4:8)

8·28

我所爱的主

我们以无限的敬拜和感恩不停的赞美，也无法表达主为罪人在十字架上舍己所做的伟大工作。怎能用人的言语表达这舍命的爱呢？无论我献上何等敬拜，也无法触及主所施的恩典。但如此不足的我，还是想要尽心赞美主，颂赞主的永恒。愿欢喜快乐迎接慈爱的主。就如病人到医生面前，仆人到主人面前，口渴的人到泉水旁，穷乏的人到天上的王面前，被造物到创造主面前，绝望的灵魂到安慰者面前般，我靠着主的良善和仁慈到主面前说，主啊，只愿您被高举。

是高处的，是低处的，是别的受造之物，都不能叫我们与上帝的爱隔绝；这爱是在我们的主基督耶稣里的（罗8:39）

我所爱的主

我将主仆人们所有神圣的愿望，都交托在主手里。我将我亲爱的父母、兄弟姊妹、朋友、恩待我的人，还有托付我祷告之人的所有愿望，都向主告知。主啊，保守他们平安，免受一切危险，保护他们免受一切的邪恶。不管有意无意伤害我的人，使我悲伤的人，毁谤我的人，使我受损带给我痛苦的人，与之相反，我用言语和行动伤害过的人，因我受伤和不安的人，因我受痛苦的所有人，我都向主悔改恳求，并在主面前献上赎罪祭物。主啊，怜悯我们，从所有的罪和不法中赎回我们。

你们饶恕人的过犯，你们的天父也必饶恕你们的过犯（太6:14）

我所爱的主

主的慈悲何等大，何等奇妙。主充满一切贫穷的灵魂，喂养一切饥饿的灵魂，以主的爱赐力量给我们。迎接主的人是迎接了多么伟大的主人？得着了多么真实又亲密的朋友？迎接了多么荣美，纯洁的新郎？我比世上的一切，更愿得着主，比这世上的一切，更愿爱主。天上地下还有其中所有的宝藏啊，在主面前要静默，我宣告：世上任何事物，都无法比主更荣耀、更荣美、更值得爱。

耶和华，我的力量啊，我爱你！（诗18:1）

我所爱的主

在苦难中疲惫时，有时会感觉主的恩典都消失了，又感觉我对主的热情都消灭了。但主对我说这并不奇怪，而且告诉我：没有不经历苦难的义人。是的。观察信心先祖的艰险生活，现在我所经历的苦难算不了什么。主啊，从此我要注视着无数走在前头的义人，不再因我的软弱而绝望。我愿遵行圣灵的带领。约伯承认主的恩典“每早监察他，时刻试验他。”(伯7:18)主啊，请熬练我，使我属于你。为基督不受任何苦难的人，绝对无法拥有属天的观点。

人用脚镣伤他的脚；他被铁链捆拘。耶和华的话试炼他，直等到他所说的应验了(诗105:18-19)

不要无视那些不显露自己的人
不要藐视那些降卑己身到悲惨地步的人
那些轻蔑降卑的人，即使天国最低的门
也不允许他们通过

立定心志进入 9 月的告白

悔改

感谢

恳求

顺从

寻求谦卑之心的人啊

那些不关注世界的声音，侧耳倾听内心主微小声音的人有福了。惟有对真理的声音有反应的人是有福的。那些紧闭双眼不看世界，专注于灵魂的人有福了。为基督牺牲自己的人有福了。将自己与世界分别出来的人有福了。然而，我们无论怎么宣扬属天的福气，周围都没有人享受其福分的因由是什么呢？为什么人们对享受奇妙的属天福气如此冷漠呢？

西门彼得回答说：主啊，你有永生之道，我们还归从谁呢？（约6:68）

9·2

寻求谦卑之心的人啊

当远离“言语”，因为世上的言语如同深渊，让你深陷虚无，心中混乱。若你想保守内心的平静和平安，就尽量少说话。很多人希望通过谈话得到安慰，藉着说话摆脱复杂的思绪，获得平静的内心，表达自己的喜和恶，但如果你向世人揭示心中的一切，和我们的主又能说些什么呢？爱世界就等于离弃主。现在就抛开从世界得到的所有满足感吧。你当抗拒并放弃世界的爱，只单单接受来自基督的安慰与爱。

因为底马贪爱现今的世界，就离弃我...（提后4:10）

寻求谦卑之心的人啊

一辈子辛苦劳碌才能生存的人，怎能求没有劳苦的人生呢？与其寻求安慰，不如以忍耐顺服主；与其享受快乐，不如背起十字架，这才是真正的活路。然而，这不是一蹴而就的。一个享受肉体之乐的人想要得到属天的喜乐，岂是立即能得到的呢？绝对不能。但是，如果真远离世界，追求灵性，多行善事，以纯洁之心生活，必然得到主的帮助。诱惑和放纵，以及自高自大是奔赴天国之路的主要障碍。千万不要被它们绊倒。

你们若顺从肉体活着，必要死；若靠着圣灵治死身体的恶行，必要活着（罗8:13）

9·4

寻求谦卑之心的人啊

与主在隐秘的内室中寻找不到的答案，为何在别处寻找呢？为何要努力寻找使自己得到满足的事物呢？即使你翻遍世界上的每个角落也无济于事，因为这世上没有任何事物能满足你。唯有将你的目光定睛在天上的主身上！远离虚妄的事情。顺从主的命令。然后再次进入内室，邀请慈爱的主。你只有与主同在时，才能找到苦苦寻觅的答案。但是，如果你瘫坐在世界面前，留给你的只有伤痛。

坐在天上的主啊，我向你举目（诗123:1）

寻求谦卑之心的人啊

来自世界的安慰尚且能让我们有安全感，何况属天的安慰呢？带给我们的力量何等大啊！你正生活在属天的安慰下吗？如果直到如今从来没有经历过属天的安慰，这本身就是你的缺陷。其理由是：第一，你到现在还没有哀恸到向主寻求安慰的程度；第二，你在世上过着十分满足的生活。或许现在对你来说，受苦更有价值，而不是安慰，因为我们藉着苦难怀着哀恸的心悔改，才开始对世界感到幻灭。

我未受苦以先走迷了路，现在却遵守你的话（诗119:67）

9·6

寻求谦卑之心的人啊

主安慰贫穷的人和帮助谦卑的人，不要从任何其它事物中找寻安慰和喜乐。相信主的应许，忍耐等候，一定会得享天上所有的好处。不要被现在所专注的世事所束缚，如此会错过永恒天上的事。请在世上持守永恒属天的盼望而活。世上的一切绝不能让基督徒得以满足，因为我们不是为了从世界获取快乐而被造的。

我们原知道，我们这地上的帐棚若拆毁了，必得上帝所造，不是人手所造，在天上永存的房屋（林后5:1）

寻求谦卑之心的人啊

愚昧的人确信死亡不会突然降临到他身上，但死亡却在我们意想不到的时刻来临，把我们夺去。今天还有人溺水、跌伤、饿死，被火烧、被刀杀、死在强盗手中。你不是也每天听到这样的消息吗？我们跌宕起伏的人生真是转瞬即逝。难道你不想和赐予永生的基督共度这不完全的人生吗？那就先学习如何向世界死吧，学习鄙视一切阻碍你来到主面前的事物。用不摇动的信心武装自己，可能机会并没有你想的那么多。

至于世人，他的年日如草一样，他发旺如野地的花（诗103:15）

9·8

寻求谦卑之心的人啊

一个享尽世间一切荣耀和快乐的人，等待他的将是怎样的审判呢？除了爱基督和侍奉祂以外，任何事物都是虚妄的。全心全意爱祂的人，不怕死亡、刑罚、审判和地狱，因为完全的爱驱散惧怕，这人欣然等候审判之日，并不希奇。如果你因怕地狱而不犯罪，这也是一件值得感谢的事情。但我真心希望这种动机能从恐惧转变为对主的爱。请记住，惧怕的人不仅无法长久维持良善的生活，而且很快就会落入撒旦的网罗。

爱里没有惧怕；爱既完全，就把惧怕除去，因为惧怕里含着刑罚，惧怕的人在爱里未得完全（约壹4:18）

寻求谦卑之心的人啊

让你的心不要在世界中徘徊，而是转向我们的主。基督说："上帝的国就在你们心里。"(路17:21)要敢于把带来悲惨结局的世界抛在脑后，寻找灵魂真正的安息之所。要蔑视外在的事物，委身于内在的事物，如此，上帝的国必降临在你里面，主最终会来寻找和安慰你。你藉着与基督相交，将会享受喜乐和平安，因为祂实在是美好荣耀的。

…上帝的国来到，不是眼所能见的。人也不得说，'看哪，在这里'，'看哪，在那里'；因为上帝的国就在你们心里 (路17:20-21)

9·10

寻求谦卑之心的人啊

和平的使者会使一切变得美善，但挑起争端的人会把好事变成坏事。心性沉稳的人不会怀疑任何人，然而，对于那些总是焦虑、抱怨的人来说，生活本身就满了怀疑。这样的人不仅自己无法安定下来，也不允许别人安定。他们说不该说的话，却不做该做的事，热衷于干涉别人的事，却惰怠自己的事。你须要保守住内心的平安。这样，此平安就会传递给他人，使人和睦。

并且使人和平的，是用和平所栽种的义果（雅3:18）

寻求谦卑之心的人啊

不要自以为有智慧，也不要相信自己，因为我们的本性是恶的。我们很容易成为“瞎子”走错路，使用权宜之计掩盖自己的错误，对自己宽容，对别人却非常挑剔。总是对自己的痛苦极其敏感，却不在乎别人的痛楚。如果你能充分并正确地估量出这一切“恶行的重量”，就知道无法逃避主严厉的审判，你会意识到这一点并感到惧怕。在审判之日到来之前，当远离一切的恶事，单单敬畏我们的主。

不要自以为有智慧，要敬畏耶和华，远离恶事（箴3:7）

9·12

寻求谦卑之心的人啊

世界认为“苦恼”这个词是高尚和有价值的，但这是大错特错。你只有从世上所有的苦恼中解脱出来，信心才能提升。不要为世上的事物苦恼，当深入思考何为上帝喜悦的生活，它将引导你走向永生。我们的上帝要除去一切不高举祂、不荣耀祂、不讨祂喜悦的事物。惟有永恒的主为了祂的名定然行这一切的事。

总要察验何为主所喜悦的事（弗5:10）

寻求谦卑之心的人啊

凡事都要行在主面前，单单地爱祂。爱自己，很容易得到人的安慰，但如果爱主并为祂行善，就会远离世界的安慰，且能治服试图依靠世界的自己。有时你对基督的热情会导致你被所爱的人抛弃。即便如此，也不必太难过。你当心存盼望一如既往地爱主。依靠祂那伟大的圣名，憎恶世上让你快乐的一切事物，靠着爱我们的主得胜。

万民各奉己神的名而行，我们却永永远远奉耶和华我们上帝的名而行（弥4:5）

9·14

寻求谦卑之心的人啊

从现在开始，我来教你如何不被夺走属天的恩典。第一，完全不要去在乎人的眼光。第二，不要到处乞讨人的称赞。第三，竭力恢复冷却的信仰热情和倒塌的生活领域。但遗憾的是，很多基督徒没能这样活。有时，当善行被世人所知并开始得到称赞时，就已经错过主的恩典了。今天的你怎么样呢？请查验一下，自己是否在世人的称赞中漏掉了属天的恩典？

他讥诮那好讥诮的人，赐恩给谦卑的人（箴3:34）

寻求谦卑之心的人啊

想要承受神国的人有很多，但愿意背十字架的人却不多。渴望主安慰的人有很多，但愿意与主同受苦的人却不多。想与主同桌吃饭的人很多，但愿意为主禁食的人却不多。寻求天上的粮的人有很多，但愿意喝苦杯的人却不多。想要神迹的人有很多，但愿意经历十字架羞耻的人却不多。你是否也是这些人中的一员呢？你要进入很多人都不寻找的窄门，只有那门才是引到永生的门。

你们要进窄门。因为引到灭亡，那门是宽的，路是大的，进去的人也多；引到永生，那门是窄的，路是小的，找着的人也少（太7:13-14）

9·16

寻求谦卑之心的人啊

“你们这被咒诅的人，离开我，进入那永火里去！”(太25:41)当你听到主审判的信息时，有什么感受？“若有人要跟从我，就当舍己，背起他的十字架，来跟从我。”(太16:24)那么，听到这个信息你又是什么感受呢？背着自己十字架而活的人不需要害怕永远的刑罚，因为刻在他身上的十字架标志在审判之日将成为天国的信物。可你为什么害怕背十字架呢？十字架是通往天国的路。十字架是救赎，是生命。十字架能保护你免受一切仇敌的伤害。没有十字架就不可能有永恒盼望的人生。

他因软弱被钉在十字架上，却因上帝的大能仍然活着。我们也是这样同他软弱，但因上帝向你们所显的大能，也必与他同活 (林后13:4)

寻求谦卑之心的人啊

这就是义人有恶念时的反应。首先是难过和忧愁，承认自己并非良善。他彻底认识到靠自己的力量无法做任何善事，只单单祈求那位良善的主，在痛苦中挣扎着呼求。只有我们意识到在这世上没有完全的平安时，才会不惧死亡，渴望与基督同在。当你有恶念或痛苦挣扎时你会如何反应？仍然想靠自己的力量克服吗？你正在忧愁什么？你的忧愁是没有后悔的忧愁，还是叫人死的忧愁？

因为依着上帝的意思忧愁，就生出没有后悔的懊悔来，以致得救；但世俗的忧愁是叫人死（林后7:10）

9
·
18

寻求谦卑之心的人啊

以基督的心和品性而活之人是胜过世界的人，但实际上，不求人安慰的人生，为了主名过客旅的人生，完全不求自己益处的人生，不依靠自己功劳的人生，要想过这样的人生是非常难的。常蒙祝福，过喜乐亨通的信仰生活固然好，但这是不可能的。对基督徒来说，除了跟随主走十字架的路之外，别无其他的人生。但不要惧怕，全能的主必亲自带领你，祂必背负你的重担，这是何等惊人啊！

天天背负我们重担的主，就是拯救我们的上帝，是应当称颂的（诗68:19）

寻求谦卑之心的人啊

你要插上“单纯”和“纯粹”的双翼，从这世界飞向天上。也就是说，你的目的必须单纯，你的渴望必须纯粹，因为单纯会把我们带到主面前，纯粹会讨主的喜悦。如果你只是寻求主的喜悦，而不以追求任何毫无价值或混乱之事为目标，并对贫穷的邻舍行善，就不会被任何事物束缚。如果你的心纯洁，所有被造物都将成为你活生生的“镜子”和神圣教诲的“书”。

我只怕你们的心或偏于邪，失去那向基督所存纯一清洁的心，就像蛇用诡诈诱惑了夏娃一样（林后11:3）

9·20

寻求谦卑之心的人啊

爱是恒久忍耐，又有恩慈和信实。爱是与真理同乐，而不是鲁莽无礼。爱是慎重而大胆。爱是不求自己的益处。爱是不张狂不自夸，爱是不柔弱不轻薄，不奢求虚无。爱是纯洁、坚固和安静，对所有感情都小心慎重。爱是顺从主所设立的权柄。你所表白的爱和你所渴望的爱也是这样吗？你正在这样爱吗？

爱是恒久忍耐，又有恩慈；爱是不嫉妒，爱是不自夸，不张狂（林前13:4）

寻求谦卑之心的人啊

世人在乎的是他们“做了多少事情”，对于“做了多少善事”却漠不关心。到底有多么强大，多么富有，相貌多么出众，字写得多么好，歌唱得多么动听，工作做的多么出色，他们对这些事情感兴趣，但对于多么虚心，多么忍耐，多么虔诚，多么温柔，多么属灵，他们却漠不关心，那是因为人的本性就是关注眼见的事物。然而，基督的恩典使我们审视自己的内心。最终，专注于眼前所见事物的人会跌倒，寻求主恩典的人必因信得胜。

所以，我们不丧胆。外体虽然毁坏，内心却一天新似一天（林后4:16）

9
·
22

寻求谦卑之心的人啊

你若爱天上的事情，心中将充满喜乐。但你若爱地上的事情，你所爱之物决定你的喜怒哀乐。你若爱属肉体的事情，就会被情欲不断燃烧。但你若爱属灵的事情，所思所想总是纯洁。就像这样，我们所有人都深受“我现在爱什么”的巨大影响。那些因爱主而远离世界的人、抑制本能的人是有福的。将违背圣灵的肉体的欲望钉在十字架上的人是有福的。今天就得着这福吧。

你们要分外谨慎，爱耶和华你们的上帝（书23:11）

寻求谦卑之心的人啊

我们的本性喜欢揭露秘密，总是想谈论一些新的、刺激性的事情；喜欢彰显自己，通过感官追求刺激的体验；希望出名，被人们称赞。但恩典不会让你的心思被闲聊和琐事占据。你要克制情感，事事谦逊，避免徒劳的自我满足或赞美行为，引导人们将荣耀和颂赞归给主。不要求自己的益处，因恩典来自纯洁的爱。本性引导你走向审判，恩典引导你走向救赎。依照本性的生活将把你拉回地上，披戴恩典的生活将把你带到天上。

不要自欺，上帝是轻慢不得的。人种的是什么，收的也是什么（加6:7）

9·24

寻求谦卑之心的人啊

不要毫无分辨地仅凭所见所听的做出判断。当用主的话语进行真实的判断，分辨何为主善良、纯全、可喜悦的旨意。我们凭着感觉进行判断，只追逐我们所看见的，不知被骗了多少次。因为陶醉在别人的甜言蜜语中，不知做了多少次错误的选择。一个不完美的人称赞某人，就像骗子称赞骗子一样，就像阿谀奉承的人奉承阿谀奉承的人一样，就像瞎子领瞎子一样。就像这样，取悦他人是非常愚蠢的。人的判断和称赞确实会带来耻辱。

不要效法这个世界，只要心意更新而变化，叫你们察验何为上帝的善良、纯全、可喜悦的旨意（罗12:2）

寻求谦卑之心的人啊

十字架一直在你身边。即使你远在天涯海角，也无法逃离主。若你愿活在主的统治之下，就必须和基督同钉十字架。现在不要再为你活，乃要为基督活着。这样，那十字架终将带你进入天国。天国是没有眼泪，也没有痛苦的永恒之所。今天你也要深入默想那位因爱你而抛弃自己的基督，并凭着对祂的信活着。你当紧紧抓住十字架。

我已经与基督同钉十字架，现在活着的不再是我，乃是基督在我里面活着…（加2:20）

9
·
26

寻求谦卑之心的人啊

你的心越被世上的事物填满，就越会过没有信心的愚昧生活。也许这个世上最不幸的人直到审判那天才意识到并哀叹“原来我所爱所执着的东西都是无用的啊”。真正跟随基督的人绝不随从肉体的享乐和世界的追求。这些人将所有的盼望都放在永恒的事物上，盼望那眼不能见的永恒事物。他们完全拒绝任何事物阻碍自己的属灵成长。如若你不回转来到上帝面前，无论你在哪里，无论你做什么，你都会很悲惨。放下用属世事物填满你内心的紧张生活，如今你当跟随圣灵的引导而活。

我们得救是在乎盼望；只是所见的盼望不是盼望，谁还盼望他所见的呢？（罗8:24）

寻求谦卑之心的人啊

基督徒在世应该过着寄居的日子。当然，这样的人生无法享受世界，是孤独和危险的。但作为信徒就应该这样活。很多人告白说：“我过着寄居的日子”，但实际上，他们过着向往世界幸福的日子。如果你也这样，请不要再自欺欺人了。不要设立你的标准，你要使自己符合圣经的标准。你希望得到幸福吗？一个不以敬畏上帝和无愧良心为基础的人生绝对不能享受真正的自由和喜乐。

你们既称那不偏待人、按各人行为审判人的主为父，就当存敬畏的心，度你们在世寄居的日子（彼前1:17）

9·28

寻求谦卑之心的人啊

在领受圣餐之前，首先要彻底省察自己并悔改，领受圣餐后，当过圣洁的生活，这与准备圣餐同样重要。若你在领受圣餐后，还求世界的安慰胜过主，你将逐渐对敬虔的生活漠不关心。因此，要斩断世界给予的安慰，竭力追求圣洁。警惕自己不要说太多。抛开你所有的担心和忧虑。战胜一切惧怕。在隐秘处甘心乐意地服侍主。要过与领受主的饼、主的血相称的生活。你若常常省察自己，就不会被主管教。

所以，无论何人不按理吃主的饼、喝主的杯，就是干犯主的身、主的血了（林前11:27）

寻求谦卑之心的人啊

像马利亚一样，用敬意和颂赞，感谢和敬畏，爱和信心以及纯洁来迎接主。当天使告诉她主的道成肉身时，马利亚谦卑地说：“我是主的使女，情愿照你的话成就在我身上。”(路1:38)施洗约翰在母腹时就因圣灵欢喜跳动。(路1:44)后来，他向基督谦卑己身，并喊道：“娶新妇的就是新郎，新郎的朋友站着听见新郎的声音就甚喜乐，故此我这喜乐满足了。”(约3:29)愿你像马利亚和施洗约翰一样，用恳切的愿望和神圣的盼望以及全心将自己奉献给主。唯有主配得我们一切的颂赞、尊贵和荣耀。

因为出于上帝的话，没有一句不带能力的。马利亚说：“我是主的使女，情愿照你的话成就在我身上。”天使就离开她去了(路1:37-38)

9

·

30

寻求谦卑之心的人啊

苦难是属天安慰的前兆。因此，我们必须先受苦，才能寻求安慰，要想得到天上的奖赏，必须先经历苦难。主这样说：“我必将上帝乐园中生命树的果子赐给他吃。”(启2:7)属天的安慰赐予那些不断在逆境中得以完全的人，给予那些在苦难中恒心忍耐的人。无论遇到什么样的苦难，面临什么样的磨难，都要靠信心忍受得住！你要用信心胜过世界。

因为凡从上帝生的，就胜过世界；使我们胜了世界的，就是我们的信心（约壹5:4）

10

“主啊，我正处于痛苦中,为什么他却亨通呢？”
“我被丢弃，为什么他却得安慰了呢？”
现在你当放下自己想听到的答案并宣告真理
“主是公义的，主的判断是正确的”

立定心志进入 10 月的告白

悔改

感谢

恳求

顺从

我所爱的人啊

狂风暴雨都已成过去，你要鼓起勇气重新站立起来。让我的爱使你刚强壮胆。我要恢复你的一切，天上一切的丰盛都将是你的。全能者岂有难成的事？我所应许的岂不都要成就吗？因此，你要坚固地站立在信心之上，绝不动摇！时候到了，你必得到属天的安慰。你要等候再等候，时候到了，我必医治你。即使有时感觉我离你很远，也要坚信我与你同在并继续前行。即使感到失去了一切，也不要忘记你正与我站在得胜的路上。即使事与愿违，事情的发展方向与你所期望的截然不同，也不要轻易说“全完了”。不要根据你的感受妄下判断，也不要忧虑。不要说所有的希望都破灭了。我是你的耶和华上帝！

成就的是耶和华，造作为要建立的也是耶和华，耶和华是他的名。他如此说（耶33:2）

我所爱的人啊

请记住，爱自己和只追求自己想要的事物，就像给自己戴上脚镣。如果你此刻不回转，继续如此生活，你的人生不仅会因贪欲和虚无的好奇心而波澜起伏，还会为了寻找安逸宽阔的道路而彷徨一辈子。无论你怎么努力奋斗，都不会感到满足，只感到空虚，实在活不出十字架的生活。哪怕是现在，你也要从专爱自己的道路中回转，远离那些向往这种生活的人。你只须把我的话刻在心里，“除去你内心猖獗的情欲”，这样你就必明白真理并得享真安息。“来到十字架面前否定自己”，这样必得享完全的自由。

你该知道，末世必有危险的日子来到。因为那时人要专顾自己…（提后3:1-2）

我所爱的人啊

我很清楚，当你听到负面言论时保持沉默是多么困难。因此，即使有人不看好你或者说你的坏话，也不要太难过。若真想走信心之路，就不能让你的心被毫无价值的言语所夺去。相反，视自己为最污秽的罪人，看别人比自己强，这是有益的。始终让你的心专注于我，小心不要被人的判断所左右。无论别人对你说好说歹，都不要被他们的话所摆布。真正的平安与荣耀从何而来？不都是从我而来吗？如果你试图努力讨人的喜欢，并开始担心他们的判断，就绝不能得享平安。因为人心里的所有不安和混乱都来自紊乱的爱和恐惧。

愚蒙人是话都信；通达人步步谨慎（箴14:15）

10·4

我所爱的人啊

有人说一切都是“为了我”，但他们的信心却建立在热销的信仰书籍或眼见的形像上，还有人口上说侍奉我，心却远离我。然而，确实有些人并非如此，你要与他们一起走信仰之路。他们智慧、纯洁、渴望永恒，不涉足世事，恨恶地上的事，爱慕天上的事，为了远离世界并盼望天上的事，总是寻求圣灵的引导。与我同死同活的人啊，你只要求天上的事。思念天上的事，不要思念地上的事。你已经死在十字架上，你的生命就藏在我里面！

你们要思念上面的事，不要思念地上的事（西3:2）

我所爱的人啊

当铭记，就像火熊熊燃烧时产生黑烟和烟灰一样，当你对天国产生渴望时，肉体的诱惑也会随之而来。摆脱这种诱惑绝非易事，若你不警醒，哪怕片刻不祷告，就很容易陷入诱惑。但答案并不仅仅是热心祷告。你举目观看，在热心的祷告中，有多少人不寻求我的荣耀！自私自利的恳求既不纯洁也不完全。我所爱的人啊，不要为自己的利益和快乐祷告，要单单求我的荣耀。这样，我就会乐意垂听你的祷告，引导你乐意遵循我的旨意，而不是你的欲望和利益。

你们求也得不着，是因为你们妄求，要浪费在你们的宴乐中（雅4:3）

10·6

我所爱的人啊

你看，比起炫耀自己知识的骄傲者，承认自身不足的谦逊者是多么珍贵。你看，无论是知识还是财物，越拥有世间的东西，人越容易变得傲慢。不思曾经窘迫度日的人，不敬畏我的人，沉迷于享乐而忘记恩惠的人将丧失分辨的能力。那些只依靠自己的人只会越来越狂妄。过分执着于自身的平安和安全的人，在遇到试炼时会大失所望和惊慌害怕。自以为有智慧的人不接受别人的教导，然而，谦虚、有智慧、凡事上有节制的人不会轻易陷入险境或罪中。要时刻记住：骄傲招致毁灭，谦逊带来拯救。

心骄气傲的人，名叫亵慢，他行事狂妄，都出于骄傲（箴21:24）

我所爱的人啊

如果你的好奇心对任何事物都没有益处，那就不要让它在你心里滋长。不要为毫无价值的事情担忧。不管别人怎么样，不管他们做什么，说什么，都不要太在意。那些和你有什么关系？你不是无法给任何人提供答案和解决方法吗？今天连摆在你面前的问题都解决不了，为什么还总是干预和关心别人的事呢？你只管跟从我吧！看哪，我知道万民，注目日光下发生的一切。我了解每个人的问题、内心和情感，以及他们的所愿。所以，把你的一切都交给我，得享安息吧。不要试图给任何人提供答案，即使身边有焦虑的人，也不要对其负责，你只要到我这里来。

彼得看见他，就问耶稣说："主啊，这人将来如何？"耶稣对他说："我若要他等到我来的时候，与你何干？你跟从我吧！"（约21:21-22）

10
·
8

我所爱的人啊

你之所以需要属灵的武器，那是因为你总是暴露在仇敌面前。今天你要举起“忍耐”的盾牌警戒四周。否则，不知不觉间就会伤痕累累。为了我的名，你当心里坚固并恒切忍耐。否则，就无法获得胜利的桂冠。现在，你当拿起忍耐的盾牌勇敢地奔赴战场，赢得胜利。得胜的，我要将天上的粮食赐给他。我所爱的人啊，为了我的名，即使被世界恨恶，你也要恒忍坚持。你的一根头发也绝不会被伤到。

你们必须忍耐，使你们行完了上帝的旨意，就可以得着所应许的（来10:36）

我所爱的人啊

“你是谁？竟怕那必死的人，怕那要变如草的世人。”(赛51:12)人今天还在，明天可能就消逝不在了。所以不要怕人，只要敬畏我。任何人的言语和行为都无法伤害你。如果身边有这样的人，那他就是在伤害自己，而不是你，因为他绝对无法逃脱我的审判。你不要和别人争论是非，即使遇到了可怕的事，委屈或受辱的事也不要抱怨，要小心，不要仓促行事，因而错过你应得的冠冕。你要单单仰望我，只有我能搭救你脱离一切羞耻和伤害。惟有我能按照各人的行为报应各人。

有耶和华帮助我，我必不惧怕，人能把我怎么样呢？(诗118:6)

10

10

我所爱的人啊

如果你想强大到与撒旦的计谋相抗衡，就到我这里来寻求“圣洁”吧，我是恩典和怜悯的源头。正如《约伯记》所记载的，撒旦伤害我的儿女，使他们恐惧并动摇他们的生活。如果你对撒旦这种狡猾的诡计熟视无睹，误以为自己信心坚固，那你必将跌倒并付出惨重的代价。你当顺从我，抵挡撒旦。靠恩典坚立，持守圣洁。我要使你得以完全、刚强站立并根基稳固。

说：“我赤身出于母胎，也必赤身归回。赏赐的是耶和华，收取的也是耶和华；耶和华的名是应当称颂的。”在这一切的事上，约伯并不犯罪，也不以上帝为愚妄（伯1:21-22）

我所爱的人啊

越执着于这世上的被造物，你就越感到远离创造主的看顾。与此相反，如果自己谨慎，放弃对被造物的爱，就会有越放弃越恩典满溢的经历。我所爱的人啊，要时刻铭记你被造的目的，操练自我约束，这样就会走进属天的知识领域。然而，如果你过分珍惜并看重世间的东西，无论它多么微小，你很快就会背离善道而堕落。要分外谨慎小心。不要自以为善，这将阻碍恩惠临到。请记住，我赐恩惠给谦逊的人。

你们要分外谨慎，爱耶和华你们的上帝（书23:11）

10.12

我所爱的人啊

我的判断从来不会错。我绝不犯错，即使愚昧人并非如此看。不要相信你自己的判断，而是在做出决定前先来到我面前，那么无论发生任何事情都不会惊慌失措，哪怕受到不公正的指责也不会难过。而且，不管别人怎么证明你是对的，你也不会骄傲。属于我的义人深深知道我了解人的内心和人隐秘处的想法，晓得我不按人的外貌判断人。即使你做了在人眼中值得称赞的事情，也要铭记我的判断与人不同，这样就不会渴求人的称赞并且总能信心满满。

耶和华啊，你是公义的，你的判语也是正直的（诗119:137）

我所爱的人啊

当珍惜所得到的恩典。我的恩典决不允许与世界的安慰混杂在一起。若想求恩上加恩，首先消除你面前的“世界给予的舒适”这一障碍物。现在马上跑到隐秘之处来寻求我，那么我会以慈爱让你寻见。即使你想去找人倾诉，也要毅然决然地进入内室祷告、悔改和清洁你的心。这个世界真是毫无价值。如果你享受我的同在，同时又属于这个世界，这证明你通过世界寻求快乐，没有与我同行。远离安慰你的家人和朋友。摆脱世界给予你的所有舒适。蒙恩的彼得不是称诚实的基督徒为“客旅”和“寄居的”吗？你要做好在这世上作为陌生人而活的思想准备并住在我的恩中。

我儿啊，你要在基督耶稣的恩典上刚强起来（提后2:1）

我所爱的人啊

恩惠努力抑制本性，抵挡肉体的欲望，寻求属于基督，渴望被祂征服。不愿离开基督而自我放纵，甘愿接受熬炼。不愿主宰一切，反而愿意谦卑地与基督同行，甘愿在众人面前谦卑己身俯首称臣。恩惠将属肉体的人转变为属灵的人，使人高升，爱慕天上的事情。恩惠是来自我的一份特殊的天上礼物，是赐给选民的合宜记号，是永恒救恩的保证。你越抑制和征服本性，就越蒙恩惠，以致心意更新而变化，活出基督的形象，使人焕然一新。

人在何事上得以知道我和你的百姓在你眼前蒙恩呢？岂不是因你与我们同去，使我和你的百姓与地上的万民有分别吗？（出33:16）

我所爱的人啊

你要向我心存纯洁并回心转意，从错误的执着中脱离出来，成为与领受属天恩惠相称的人。放下你现在所抓的世界，彻底憎恶自己，洁净己身。那么，你将经历属灵的成长，不再追求世间虚无的事物。惟有寻求我荣耀之人才配得享恩宠，因为我的手与他同在，他也将自己交托在我手中。我要找到洁净的器皿，充满祝福在其中并使其作贵重的器皿。

人若自洁，脱离卑贱的事，就必作贵重的器皿，成为圣洁，合乎主用，预备行各样的善事（提后2:21）

10
·
16

我所爱的人啊

尽管很难接受目前的试验，但也当耐心忍受。即或有时近乎崩溃，有时忿怒涌上心头，也要控制好自己，谨慎自己的口不说不合时宜的话。很快，试验的暴风雨就会平静下来，你悲痛的心将在恩典中得享平安。我是活着的神，我必拯救和安慰那些信靠我和忠实寻求我的人。鼓起勇气，准备面对你人生中的考验吧。不要问为什么只有我一个人受苦，你如此说，并不意味着你失去了一切不是吗？你是人，不是上帝；是披戴肉身的人，不是天使。连天上的天使、第一个人亚当都堕落了，何况软弱的你呢？只是，你要承认自己的软弱并单单依靠我，如此便能忍受这试验。我要拯救你，使你圣洁。

因为知道你们的信心经过试验，就生忍耐（雅1:3）

我所爱的人啊

不要仅仅出于好奇而深入研究你无法承受的问题。谁比谁更圣洁？神的国里谁更大？这和你有什么关系？既不能使你谦卑，也不能让我的名被高举，那么这对你有什么价值？与其争论谁大谁小，不如看看你自己是多么败坏的罪人。你当深思，多少时候自己没有行善。不要用虚浮的好奇心去挖掘虔诚者的秘密，而要竭力过敬虔的生活。你当思想我所喜悦的事，并为之努力去行。

加增虚浮的事既多，这与人有什么益处呢？（传6:11）

10
·
18

我所爱的人啊

放弃自己吧！为了我的一切，你当甘心放弃你所有。不要求这世界的任何事物，也不要求任何回报。只要以清洁的心相信并跟从我，你才会属于我，黑暗不会遮盖你，你当做出实际的努力来舍己，要有如此热切的渴望并为此火热祷告。放下你里面的自私，照着你本来的样子来跟从我。若老我彻底死去，因着我活在永恒生命里，一切虚无的妄想、恐惧、忧虑都会消失。舍己才是体验真喜乐的方法。

耶稣又对众人说：若有人要跟从我，就当舍己，天天背起他的十字架来跟从我（路9:23）

我所爱的人啊

你当效法我，为了你的罪把生命献给了父。将身体献上，当作活祭，是圣洁的，是上帝所喜悦的，这也是我所愿的。纵然你拥有一切，若没有我你就无法满足，同样的，你将除了你以外的任何事物献给我，都无法让我喜悦或满足。我要的是你，而不是你所献的“祭物”。当你完全将自己献上时，我也悦纳你所献的祭物。看哪，我为了你将自己完全献上了。现在我永远属于你，你也永远属于我。

所以弟兄们，我以上帝的慈悲劝你们，将身体献上，当作活祭，是圣洁的，是上帝所喜悦的，你们如此侍奉，乃是理所当然的（罗12:1）

10
·
20

我所爱的人啊

要感谢我向你所施的恩惠，不是因你有资格才享受，乃是照着我的怜悯。当你的灵魂干涸时，你当捶胸叹息，不要放弃，呼求并等候我，直到得到恩典的碎屑为止。我会满足你一切所需，你要领受我所赐的饼和杯。你需要我，但我对你一无所求。若不圣洁，你就不能到我这里来，但我要到你那里去，使你成圣。你将以我的圣洁与我联合，在恩典中更新并活出馨香的生活。因此，不要轻看恩典，要全心全意地迎接我。

他便救了我们，并不是因我们自己所行的义，乃是照他的怜悯，藉着重生的洗和圣灵的更新（多3:5）

我所爱的人啊

不要因仇敌撒旦所助长的事而烦恼，也不要为此争论。你要单单侧耳倾听我的声音，不要回应撒旦的低语，这样牠就会逃离。撒旦不会招惹自己手中不信之人和罪人，但却以各种方式迷惑和折磨我忠实的仆人。因此，你要以对我的忠诚和坚定的信心武装自己，怀着爱我的心和谦卑的心生活。现在，把不明白的问题交给我，不要再被它们迷惑了。过于相信自己的人很容易被撒旦欺骗，但信我的人我必搭救。我与真实的人同行，向谦卑的人显现，光照清洁的人使之明白，但向多疑、骄傲的人隐藏我的恩典。

小子们哪，不要被人诱惑（约壹3:7）

10·22

我所爱的人啊

在苦难中，不要焦躁忧伤。我随时能让你恢复，使你所有的悲伤变为喜乐。指引你脚步的我是完全的，配得颂赞。你若住在真理中，就不因苦难灰心，也不觉羞愧和悲伤。即使我不给予你任何安慰和休息，也会满心喜乐和感谢。想想看，“我爱你们，正如父爱我一样”(约15:9)不是打发门徒进入喜乐，而是极大的痛苦中；不是荣誉而是羞耻中；不是悠闲休息，而是艰苦的劳作中；不是进入舒适之地，而是必须忍耐才能结出果子之地。我所爱的人啊，要记住，在苦难中我是如何对待我所爱的门徒的，你也要如此行。

若为作基督徒受苦，却不要羞耻，倒要因这名归荣耀给上帝（彼前4:16）

我所爱的人啊

当为别人付出你的一切，不为自己留下任何东西。你不是很清楚自爱在这个世上是多么有害吗？你对某件事物倾注的爱越多，就越执迷于它并被其束缚。不要贪图别人的东西。如果任何东西伤害你并剥夺你的自由，就不要拥有它。只要全心全意地寻求我，渴望与我同行。我所爱的人啊，你为什么不这样做呢？为何在空虚感中悲伤？为何因不必要的思虑而筋疲力尽呢？把你的一切都交给我，得享平安吧。

后来有世上的思虑、钱财的迷惑和别样的私欲，
进来把道挤住了，就不能结实（可4:19）

10
·
24

我所爱的人啊

若你不顺从我，你人生中最危险的敌人就是你自己。你唯一的出路就是彻底蔑视自己，可你最爱的还是你自己。这份爱太深，以至于你无法放下肉体想要的东西，不信赖任何人。自爱的人啊，要记住，从无创造万有的我，至尊且全知全能的我都放弃了天上的荣耀，成为了人的样式。你记住这一点，还怎能为顺从我的旨意而苦恼不已呢？现在我用我的谦卑来征服你的骄傲！为此，我先成为了众人中最卑贱、最卑微的人。

所以，不要容罪在你们必死的身上作王，使你们顺从身子的私欲（罗6:12）

我所爱的人啊

什么对你的灵魂最安全最有益呢？不是你渴望的成功，而是艰难的试验，因我喜悦圣洁的生活，而不是成功的人生。一个人真正的价值不是取决于他具有的愿景、圣经知识、地位或成功与否。反而取决于他有多谦卑和圣洁，行了多少善事，有多纯洁，有多厌恶自己，有多寻求我的荣耀和蔑视世界的荣耀。我所爱的人啊，那么，你的价值该如何衡量呢？

亲爱的弟兄啊，你们却要在至圣的真道上造就自己，在圣灵里祷告（犹1:20）

10
·
26

我所爱的人啊

即使你到处游历，寻求这样那样的乐趣让自己快乐，你能得享真正的安息吗？能无忧无虑吗？反而会因你极其渴望的某个东西和某个地方而更加痛苦，带给你快乐的东西再多也无济于事。然而我不一样！我的国不属这世界。你当蔑视世界带给你的快乐并将其从心里赶走，那我就会找寻你并帮助你。事实上，对金钱、财富、名誉的渴望和世人的称赞都是稍纵即逝的。如果你不扎根于真理，任何平安都不会长久，若你的心不转向我，你的情况会越来越糟。即使逃跑，也会再次遇见你所回避的情况。不，你将面临更糟糕的情况。所以，哪怕是一秒钟，也不要让世界的快乐临到你。

我的国不属这世界…（约18:36）

我所爱的人啊

将自己钉死在十字架上，向世界如同死人般活着。要闭上你的眼睛和耳朵，不关注世上发生的无数事件，思想带给你生命和平安的事情。把视线从一切让你不愉快的事物上移开。不要插手人之间的争论。不要试图违背别人的意愿。若你住在我里面，相信我的审判，即使有人领先于你，即使你遭受极大的损失或被误解，你也会平安，你将意识到所遇到的许多困难都是极其有益的。

但我断不以别的夸口，只夸我们主耶稣基督的十字架。因这十字架，就我而论，世界已经钉在十字架上；就世界而论，我已经钉在十字架上（加6:14）

10
·
28

我所爱的人啊

想象一下，你们为我的名辛苦工作，将来会结出什么样的果子，得到怎样的奖赏。那一日，你所有的悲伤都会消失，所有的忍耐都会得到确实的补偿和安慰。今日在世上放弃你的意思，那日你可以尽情释放自己的意愿，得到你想要的一切。你将拥有一切美好的东西，也不担心失去它们。你的意思和我的意思将合二为一，除我以外，不求任何事物。没有人反对你，也没有人抱怨你，没有人妨碍你和挡住你的路。你的愿望会实现。爱我的心不断充满在你里面，你因此得到满足。我所爱的人啊，盼望着在天国的那日，今天快乐地活着吧。

耶和华必成全关乎我的事（诗138:8）

我所爱的人啊

你希望灵性比现在更成熟吗？若是这样，就果断地用斧头砍下对自己和世界隐秘而无节制的爱，斩断“自爱”的罪恶锁链，如此你方能得享平安，治理你自己。但可悲的是，很少有人愿意在我里面彻底死去。有太多人被自己束缚，无法在属灵上成长。我所爱的人啊，你愿与我同行吗？若是这样，那就抑制住对世界无节制的爱和行动。不要执着于对自己自私的爱。不要将任何被造物存在心里。

因为凡世界上的事，就像肉体的情欲，眼目的情欲，并今生的骄傲，都不是从父来的，乃是从世界来的（约壹2:16）

10

30

我所爱的人啊

不要胆敢议论或争论我所施行的审判或所做的崇高之事。不要计较和分解为什么这个人被抛弃，为什么那个人被爱；为什么这个人受苦，为什么那个人享受高位。若撒旦试图透过这些问题来招惹你，或者想让你与某人争论，你当引用旧约先知的话说："耶和华啊，你是公义的，你的判语也是正直的。"(诗119:137)"耶和华的典章真实，全然公义。"(诗19:9)任何人的判断和论证都无法测量我的判语，无法测透我的定意。你当在我的判断面前静默，当畏惧我的审判。

他是耶和华我们的上帝，全地都有他的判断（诗105:7)

我所爱的人啊

我们的本性注重非永恒的财富和世界带来的快乐，哪怕受到一点点损失或诽谤，就会悲伤和愤怒。然而，恩宠不执着于非永恒的事物，即使被诽谤，仍然仰望永恒的事物并不愤怒。之所以能做到这一点，是因为已经积攒财宝在天上了。我们的本性试图拥有更多，但恩宠并不求自己的益处，容易满足，懂得施比受更有福。人的本性把精力全都倾注在自己的肉体和被造物，以及转瞬即逝的事物上。但恩宠彰显基督美好的品性，不让被造物夺去自己的心，拒绝肉体的欲望并约束自己。我所爱的人啊，你当向我求恩宠，比起金银更当选择恩宠。我的恩宠让你的角得以高举。

你是他们力量的荣耀，因为你喜悦我们，我们的角必被高举（诗89:17）

求神国，神迹和求安慰的人甚多
但真正背起十字架跟随的人并不多
信心不是满足你愿望的窗口
而是实实在在地追随祂所愿,走在窄路上

立定心志进入 11 月的告白

悔改

感谢

恳求

顺从

我所爱的主

活的越久，越能切实体会到“人是不真实”的。我也是这样，又虚伪又软弱，特别在言语上有许多过失。仅从我自己身上就能得出结论：不能轻易相信人说的话。但我们的主是唯一不欺骗任何人，也不被任何人欺骗的一位。主已经警告过我们：“‘看哪，基督在这里’，或说‘基督在那里’，你们不要信。”(可13:21)主还说：“人的仇敌就是自己家里的人。”(太10:36)主啊，我不再被人的言论左右，也不再盲目相信人的话。我要常住在真理之中，远离并憎恨谎言。

…他从起初是杀人的，不守真理，因他心里没有真理。他说谎是出于自己，因他本来是说谎的，也是说谎之人的父 (约8:44)

11.2

我所爱的主

请将圣灵浇灌在我身上，使我心里的力量刚强起来，让我从无谓的担心和忧虑中得以自由。求主帮助我摆脱心中所有的占有欲，无论它们是昂贵的还是廉价的。求主让我意识到所有的一切，甚至连我自己，都是稍纵即逝短暂的存在。主啊，日光之下没有什么是永恒的，也无新事。世上的一切都是无常的，只会成为灵魂的沉重负担。若有人认识到这一点，那他就是真正的智者。我所爱的主啊，我该如何度过这虚空且徒劳的人生呢？愿主成为我活下去的唯一目的。

我见日光之下所作的一切事，都是虚空，都是捕风（传1:14）

我所爱的主

我现在才意识到：爱自己反而会毁了我的人生。所以我向主告白“我一生只寻求主，单单爱主”。我热切渴望与主更加亲密。主啊，让我降卑再降卑，并呼喊“我什么都不是”。让我只单单为主而活。虽然我对主毫无益处，也毫无价值，但主看顾义人也看顾恶人，所以求主怜悯我，使我依靠主的慈爱。

但我倚靠你的慈爱，我的心因你的救恩快乐（诗13:5）

11·4

我所爱的主

主在我出生之前就已经拣选了我，甚至我还在做罪人的时候，主已经呼召我就近祂。直到今天，我仍然经历着主的爱，这爱就像不断涌出的泉水。亲爱的主，没有你，我一刻也活不下去。我该如何报答主赐给我的这份大恩呢？我是否可以抛弃一切，断绝一切缘分，远离这个世界呢？但主不愿意我这样做。主希望我对祂的感恩和顺服，不是在特殊的环境下，而是在平凡的日常生活中。祂必引导我真能如此活。

我自出母胎就被交在你手里，从我母亲生我，你就是我的上帝 (诗22:10)

我所爱的主

如果没有主的引导，我的智慧就毫无用处。如果没有主的保护，我没有勇气做任何事情。如果没有主的看顾，我无法持守纯洁。如果不是主，这位神圣守望者的守护，我所护卫的所有界限都会被打破。若主离开，我将失去生命；若主同在，我将得到永生。亲爱的主，身为罪人的我，仰望伟大的主，并不断思想“我当全心全意地服从”。

要因祂大能的作为赞美祂，按着祂极美的大德赞美他（诗150:2）

11·6

我所爱的主

就连至圣的约柜都无法与纯洁美丽的基督相比，哪怕是按照律法所献的完美祭物，也无法与献上自己身体为永远之祭的基督相比。可是，主啊，我不再像从前那样热切渴望主你神圣的临在了。我不像神圣的先祖们、先知和国王以及那些和他们一起的人那样热切地渴望主，尽心竭力地向主礼拜。求您将渴慕主的心浇灌在我里面，恢复我对主起初的爱。

上帝啊，你是我的上帝，我要切切地寻求你；在干旱疲乏无水之地，我渴想你，我的心切慕你（诗63:1）

我所爱的主

主的爱真是伟大！这份爱能让我们克服一切困难，改正所有错误，这份爱能减轻所有重担，将一切苦涩变为甘甜。主宝贵的爱鼓励我们走向完全。这份爱让人高飞，即使跌倒也有力量重新站立。这份爱使人摆脱对世界的依恋。这份强大的爱开启我们的眼睛，使我们不被欲望左右，并赐下战胜逆境的力量。亲爱的主，正因为有这份爱，我才能活到今天。

…祂在你中间必因你欢欣喜乐，默然爱你，且因你喜乐而欢呼（番3:17）

11
·
8

我所爱的主

主超乎一切的力量和美好。高于所有的名誉和荣耀，拥有一切的能力和威严。祂在所有知识和智慧之上，在所有喜乐和名声之先。祂高于一切希望和承诺，凌驾于一切功绩和恩赐之上。祂高于所有天使和天上的天军，高于一切可见和可不见的事物。主啊，我愿来到你这位完全的、超乎一切的主面前得享安息。“我的灵魂啊，要单单依靠在一切之上，并在一切之内的主！唯有祂是永恒的安息之所。”

敬畏耶和华的，大有倚靠，他的儿女，也有避难所
（箴14:26）

我所爱的主

邪恶的仇敌已经盘踞在我生活的各个角落。忧虑和不幸，痛苦和诱惑不断临到我，折磨我。好不容易度过苦难，其它的不幸和诱惑又接踵而至。本已处在极度痛苦和折磨中，但意想不到的其它痛苦又叠加进来。亲爱的主，我该如何度过这被困苦和不幸支配的残酷人生呢？求怜悯我，不要让我的人生终于肉体的朽坏。求让我与仇敌争战，直到呼吸耗尽为止。不要让我被邪灵所控制。求你扶持我，直到进入神的国。

求你亲近我，救赎我，求你因我的仇敌把我赎回（诗69:18）

11
·
10

我所爱的主

求你使我的心专向你的律例，指教我活出你的命令。让我们谨记并感谢你赐予所有人以及每个人的恩典。让我将主名所当得的荣耀归给你。求你使我们宣扬你的良善和仁慈。亲爱的主，像我这样毫无价值和毫无益处的人，你的仁慈俘获了我的灵魂。你的名在全地何其美。我要一生称谢你，在圣徒面前歌颂你的美名。

耶和华我们的主啊，你的名在全地何其美（诗8:9）

我所爱的主

求主用你的亮光驱散我里面一切的黑暗，纠正我内心所有的杂念。求你击退猛烈攻击我的诱惑，让我战胜肉体的欲望，把撒旦践踏在你脚下。如此，我终因你的权能得享平安，在你的圣所中高声赞美你。亲爱的主，请斥责冲向我的汹涌大海和狂风暴雨，说“住了吧，静了吧”，如此，就立刻平静了。

耶稣醒了，斥责风，向海说：“住了吧！静了吧！”风就止住，大大地平静了（可4:39）

11
·
12

我所爱的主

求你用你永恒的爱引导我，帮助我拒绝所有肉体的快乐。求你使我远离一切导致我犯罪的诱惑。请不要让血肉之躯操控我。帮助我不被世上短暂的荣华所欺骗，求你使我不落入撒旦邪恶的诡计。求你赐给我抵挡恶的勇气、忍耐和力量，不让我停留在世上的舒适和肉体的爱中。惟有在你的临在中，我的心平静安稳，求使我爱主你的圣名。

免得撒但趁着机会胜过我们，因我们并非不晓得它的诡计（林后2:11）

我所爱的主

求你赐给我属天的智慧，教导我如何单单寻求你且寻得见。这样，我就能分辨人生中何谓最重要的，而且不参与恶事。我将智慧行事，爱惜光阴。不被人的言论所左右，也不听人的奉承。我不会沉醉于世界的成功和享乐。最要紧的是，在这条十字架的窄路上走到底。亲爱的主，我不想让世界记住我是一个智者，只愿被主认可为有智慧的人。

…你们中间若有人在这世界自以为有智慧，倒不如变作愚拙，好成为有智慧的 (林前3:18)

11
·
14

我所爱的主

你为我这个罪人舍去生命，我还能求什么呢？还能寻求什么快乐呢？主是我的一切，若主与我同在，一切都是甘甜的，若主不与我同在，一切都是苦涩的。唯有主能使我的心平静，给我平安和喜乐。唯有主使我所思所想尽都良善，引导我时常发出赞美的声音。若我喜乐满溢，那一定蕴含着主的恩典和属天的智慧。亲爱的主，在你里面享受喜乐的人怎能心怀不平呢？主实在是我们一切的喜乐和满足。

然而，我要因耶和华欢欣，因救我的上帝喜乐（哈3:18）

我所爱的主

这世上有多少人不惜牺牲自己来追求属灵的生活呢？又有多少人在这即将朽坏消逝的世界里过分别为圣的生活呢？无论这个世界多么罪恶满盈，信耶稣的圣徒必须圣洁，要从一切被造物中得享自由，与主完全联合。为此，我渴望并寻求你的恩典。世上所有的知识和财产真都毫无用处。如果我在这个世上还寻求除了良善的主以外的其他事物，那将是我做出的最悲惨的选择。除了耶稣基督以外，其他一切实在是毫无价值。

顺着情欲撒种的，必从情欲收败坏；顺着圣灵撒种的，必从圣灵收永生（加6:8）

11.16

我所爱的主

大卫王在约柜前极力跳舞，他制作各种乐器，用自己所创作的众多诗篇欢欣地歌颂，并在圣灵的感动下弹竖琴，他还带领百姓高声颂扬。主啊，当时大卫和百姓在约柜前每日赞美和敬拜主，反观我自己现在如何呢？基督在我里面吗？我在用心灵和诚实敬拜吗？亲爱的主，我不想再随着自己的好奇心和本能轻浮行事了。我愿凭着坚固的信心、圣洁的盼望和信实的爱为人行事！甚愿这样的生活能引导我走向基督，打开礼拜的大门。

大卫穿着细麻布的以弗得，在耶和华面前极力跳舞（撒下6:14）

我所爱的主

我如同贫瘠空旷的土地，求你用你的光照亮我。从天降下属天的恩典，以天上的露珠滋润我。求你打开纯洁的源泉，让我结出良善的硕果。求你救我脱离罪恶，使我一切所愿都放在天上。让我在地如同在天，不让我追求这世上任何的快乐。求你使我不停留在刹那间就逝去的被造物的舒适上。亲爱的主，任何的被造物都不能带给我平安和满足，没有主，一切都毫无价值。求你务必用你那始终如一的爱看顾我。愿爱你的人得着你无限的爱。

因为在你那里有生命的源头，在你的光中，我们必得见光（诗36:9）

11·18

我所爱的主

没有任何毁谤和危险的日子何时到来呢？我们何时能享受完全的和平与安息呢？何时才能见到所爱慕的主？迎接主荣耀光辉之国的那日何时到来呢？何时主成为我的一切呢？你为所爱的儿女在永恒之前就已预备了天国，何时与主在那里同住呢？主啊，现在我像被遗弃的人一般，生活在战争不断、饱受痛苦的仇敌之地。求你务必安慰我。我所有的盼望都在于你，求你抚慰我这长久以来的悲伤。我今天也切切仰望主再来的那日。

切切仰望上帝的日子来到（彼后3:12）

我所爱的主

我算什么，你竟为我舍去宝贵的身体？在我这个污秽的罪人面前，为何你降卑自己？此时此刻，我赞美你的良善和仁慈，以及你永恒的爱，俯伏在你面前敬拜。我没有任何功劳，一切都是主所做的。亲爱的主，我愿将你的十字架刻画在心里，效法你谦卑的样式。我愿一生成为主的喜乐，成为成就上帝旨意的人。因此，请保守我，不让污秽的罪恶拦阻我就近你。求你使我常常俯伏在你面前承认我的罪。

惟有基督在我们还作罪人的时候为我们死，上帝的爱就在此向我们显明了（罗5:8）

11·20

我所爱的主

艰苦的生活催人泪下。罪担沉重，使人心伤痛。燃烧的情欲让我感到痛苦和混乱。主啊，谁能救我脱离这死亡呢？家人、朋友、老师，任何人都不能搭救我。惟有你是我的救赎主。我将我的一切都交托给带领我进入永生的主，求你扶起疲惫跌倒的我，使我再次投入你的怀抱。求你擦干我的眼泪，使我里面重新燃起奉献的热情。

惟有我是耶和华，除我以外没有救主（赛43:11）

我所爱的主

看看这个世界正在发生的事情。人只要吃一点亏就痛哭起来，为了得到一些东西奋斗并焦虑着，追求毫无价值的东西，没有人在乎正走向死亡的灵魂。为了追求世界，不寻求真正需要的属天事物，为了守护自己建立的世界，他们将自己驱赶进黑暗中。若他们永远无法认识到这种愚蠢的行为并从中解脱，就必和世界一起灭亡。亲爱的主，求你苏醒他们，照亮他们昏昧的眼睛，让他们亲手打碎自己所造的一切偶像。

以色列人哪，你们深深地悖逆耶和华，现今要归向祂（赛31:6）

11.22

我所爱的主

惟有主是我所爱，且是我极爱慕的。我愿像为主洗脚的马利亚一样，用我的眼泪洗主的脚。然而事与愿违，我感到体内的眼泪都已干涸，信心好像全都消失了，也不像之前那样热切渴慕主了。主啊，我的信心如此软弱，怎能朝见主的面呢？我惟有仰望信心创始成终的主和使我完全的主，我再次决志来到主前。亲爱的主，我没有信心，求你帮助，用你永恒的真理扶持我。

仰望为我们信心创始成终的耶稣（来12:2）

我所爱的主

“神职人员”这个词本身是何等伟大和荣耀啊！他们用神圣的言词高举并赞美主，因祂是我们的王。他们最大的职责是传扬主，因此，他们的手该是何等洁净，嘴唇该是何等纯洁，服侍神圣的造物主，他们的心该是何等清洁？主的仆人必须圣洁。当时刻警醒，传讲对生命有益的话语，向天举起圣洁的手来迎接主。律法这样描述他们“你们要归我为圣”。(利20:26)主啊，求你使这地的神职人员以清洁无愧的良心，并怀着对主的敬畏和忠诚承担主你的事工。行为不正时，求你使他们痛悔。求你使他们以谦卑和无愧的心火热地侍奉你。

你们要归我为圣，因为我耶和华是圣的，并叫你们与万民有分别，使你们作我的民 (利20:26)

11
·
24

我所爱的主

我敞开心扉走向主。求你指引我，使我能找到你。让我单单寻求你，不被任何人和任何被造物所干扰。我遵循内心热切的盼望献上祈祷，求你使我远离这世上的一切，与主完全联合。甚愿在与主的联合中，彻底没有我自己，只愿基督在我里面活。如同与心爱之人交谈，与至亲的朋友分享友情一样，我愿与主如此亲密。

还有那些与耶和华联合的外邦人，要侍奉祂，要爱耶和华的名，要作祂的仆人…（赛56:6）

我所爱的主

请接受这个靠你恩典而活的卑微之人。你是我的拯救和救赎主，你是我的盼望，是我的力量和荣耀。你是我的盾牌，是使我抬起头来的。此时此刻，我谦卑迎见我的主。愿像撒该一样接待主。若主不与我相见，我的存在就毫无意义，因为我所做所愿的一切都在主里。我唯一确实的福分就是主。

我的心哪，你曾对耶和华说：你是我的主，我的好处不在你以外（诗16:2）

11.26

我所爱的主

我恳求你施行拯救，显露我心中所有的污秽。我以这世上最卑微的姿态来到你面前，愿你赐下无限的恩典和怜悯，接纳我这个罪人，用你的宝血遮盖我。求你用你的爱火融化我这颗冰冷的心，让我的无知在你的同在中被唤醒，从充满痛苦的世界中回转，使我恨恶并远离世界。求你使我的心不再在世上流荡。唯有你是我的满足，从现在直到永远。

并不是我们凭自己能承担什么事，我们所能承担的，乃是出于上帝（林后3:5）

我所爱的主

我再也不想体会主在我生命中缺席，再也不想经历没有主的干渴和饥饿。没有主，我一刻也活不下去，主啊，请与我同在，速速临格在这里。求你用你丰盛的大爱引导我，让我存敬畏的心向你敬拜。如同这世界仅存的唯一热切渴望之人，我全心全意地渴慕主。

至于我，我必凭你丰盛的慈爱进入你的居所；我必存敬畏你的心向你的圣殿下拜（诗5:7）

11.28

我所爱的主

我心恐惧，恐怕我口里承认敬畏主，但却过冷淡枯燥的信仰生活。我心恐惧，恐怕我听过无数讲道，但却不按照所听的道生活。我心恐惧，恐怕我点头以示明白上帝的话，但却不爱主不爱邻舍。我心恐惧，恐怕我告白说“主啊，我信”，但是仍然不顺从。亲爱的主，我盼望在监察和判断一切行为的你面前，过诚实忠心的生活。求你怜悯我，帮助我，让我心存敬畏侍奉主。

这百姓用嘴唇尊敬我，心却远离我（太15:8）

我所爱的主

祷告的时候，我经常胡思乱想，只要一开始祷告，世俗的杂念就会涌向我，大部分都是我所迷恋和乐在其中的世俗之物。亲爱的主，求你怜悯我这个连祷告时都在主面前犯罪的罪人，不要远离我。当我祷告时，求你保守我的心思意念，不让我的思想被除主以外的任何事物夺去，求你使我在圣灵里警醒祷告，用主你的火燃烧我一切的虚妄杂念。愿我所有的感官远离世俗之物，只专注于你，求你帮助我蔑视并除掉一切不洁的妄想。

靠着圣灵，随时多方祷告祈求，并要在此警醒不倦，为众圣徒祈求（弗6:18）

11
·
30

我所爱的主

即使在为你受苦的这一刻，我唯一的盼望就是让你独享荣耀。虽然我的肉体被束缚于地上痛苦不堪，但我的灵与主同在是自由的。或活或死我都是主的人！亲爱的主，在你许可的日子里，我愿在地上被藐视，过卑微的生活，求你让我被视为失败者，让我在苦难和痛苦中挣扎难过。但当那日到来之时，我将在黎明中赞美我的主。我确信，为主受苦的人是有福的。

我们若活着，是为主而活；若死了，是为主而死。所以我们或活或死，总是主的人（罗14:8）

12

“人子来的时候，遇得见世上有信德吗？”
不要轻忽这个提问
在这世代中，还有在你人生的点点滴滴中，
要留下信心的见证
我们的主，必很快再来

立定心志进入 12 月的告白

悔改

感谢

恳求

顺从

我所爱的主

我愿关闭向世界敞开的感官之门，聆听来自内心主的声音。

我所爱的人啊

在你眼里看为甚好的世上的一切，只不过是辖制你的“网罗”。即使你拥有全世界，如果被我抛弃，谁还能拯救你呢？现在你就与短暂的世界道别，来寻求永恒吧。当将你的一切渴望和喜乐集中在我身上，以我为乐。我是救恩，是生命！你与我同在的时候，才能享受世界无法给予的平安。

用世物的，要像不用世物，因为这世界的样子将要过去了（林前7:31）

我所爱的主

我的人生中不断有苦难，那我是不幸的吗？虽然为了平安制定种种计划，并且每天孤苦奋战，但我的生活仍然充满着困苦和悲伤。

我所爱的人啊

你想要从一切诱惑中得自由，享受没有任何反对意见的平安，但我不会应允。我要把你平安的基础建立在你正经历的苦难之上。欢喜迎接苦难绝非易事！但若非苦难，确实无法忍受净化你灵魂的“火”，这就是我对你的心意。我所爱的人啊，忍受现在的苦难吧。不要再拒绝苦难，而是要接受。现在的苦难不是刑罚，而是因为我爱你，所以要拯救你。

忍受试探的人是有福的，因为他经过试验以后，必得生命的冠冕；这是主应许给那些爱他之人的（雅1:12）

我所爱的人啊

我所赐的饼，就是我的肉，为的是这世上的生命；这是我的身体，是为你们舍的。你们如此行，为的是记念我。

我所爱的主

圣洁的主降临在圣餐的祭坛上，我们到那里，以敬畏的心迎接主，也将领悟永生的本质。人眼所看不见的创造主的作为是何等可畏！我要赞美主的慈爱和仁慈，他为了所拣选的儿女，舍弃自己钉死在十字架上，以此为我们预备了圣餐。主所行的事，实在超乎人一切所能理解的范围。主带领一切敬虔的人，在他们里面种下爱的种子。主的忠实仆人通过圣餐，将领受真爱和委身的恩典。

祝谢了，就擘开，说："这是我的身体，为你们舍（有古卷：擘开）的，你们应当如此行，为的是记念我。" (林前11:24)

我所爱的人啊

你还没有装备为一名刚强的勇士，也还没装扮为智慧的新妇。

我所爱的主

为什么我还不能呢？

那是因为只要累一点，你就轻易放弃，总想得安慰。我的勇士是直到最后也绝不放弃的。他会坚定地抵挡邪恶，不轻易被仇敌的花言巧语所蒙骗。无论处富足还是处贫穷，都一如既往地因我得力。我的新妇看重我的爱，而不是我送的爱的礼物。即使在苦难中也歌唱我的美好，单单寻求我的爱，以纯洁的心服侍我。

我妹子，我新妇，你的爱情何其美！你的爱情比酒更美！你膏油的香气胜过一切香品！(歌4:10)

我所爱的人啊

你要学的还很多。

我所爱的主

请教导我那些是什么。

那就是让你的欲望和我的喜乐要保持一致。要否认自己，顺服我的旨意。亲爱的人啊，当你心中有种想法猛烈燃烧的时候，要分辨那是为我的荣耀，还是为你自己的荣耀。若是为我的荣耀，你做任何事情都会感到满足。如若不然，它将成为你的忧愁和重担。

所以，你们或吃或喝，无论做什么，都要为荣耀上帝而行（林前10:31）

12

6

我所爱的人啊

你当到我面前来听，人类的知识无法与我相提并论，我超越世上的一切知识。我的话是“灵”，是“生命！”从此以后，收回你对无益事情的呼吁，要安静的聆听我的声音。我必定会遵守与你立的约。对于你所行的一切善行，我会补偿你。在上帝面前，我会承认你。对于信任我的人，我绝不会叫他们空手回去。向谨守我爱的人，我必履行一切所约定的。

我所爱的主

在主面前受过管教的，因话语领受教训的人是有福的。你使他在遭难的日子得享平安；惟有恶人陷在所挖的坑中。(诗94:13)

耶和华啊，你所管教、用律法所教训的人是有福的（诗94:12）

我所爱的人啊

我知道你最美善的是什么，关乎你的一切，我都知道，所以要常与我同在，顺服我的旨意。

我所爱的主

你实在比我自己更爱我，更懂我。我愿与亲爱的主常在一起，愿被使用于主所喜悦的事情上。当我行在主的光中，得到主的安慰，我将高举和赞美主。不，即使处在黑暗中，我仍要赞美主，因主所行的都是良善。我只愿跟随为我这污秽的罪人钉死在十字架上又复活的好牧人，这是我由衷的宣告。

我是好牧人；好牧人为羊舍命（约10:11）

我所爱的人啊

要记住，你离自我越远，就越能与我同住。你越否认自我，就越能与我联合。我愿你没有任何抵抗或抱怨地来顺服我旨意。甚愿你明白，何为否认自我，背自己的十字架。

我所爱的主

因仆人不能高过主人，学生不能高过先生，所以为主、为先生的耶稣，请扶持我。引导我使我这仆人跟随主，成就成圣和救恩。求你保守我的心，除了跟随基督，不因任何事物得到满足。在这世上，让我最厌恶自己的生命。

爱惜自己生命的，就失丧生命；在这世上恨恶自己生命的，就要保守生命到永生 (约12:25)

我所爱的人啊

我来到这个世界，担当了你所有的罪，是为了拯救你脱离死亡。这不是我的需求，只因我爱你。你了解我在这世上的生活吗？直到死在十字架上，我仍在苦难中。我给子女们所施的恩宠变成了背叛，神迹变成了无礼，教导变成了轻蔑，但我没有回应任何羞辱或辱骂，顺服了天父。

我所爱的主

我的人生为什么如此疲倦和困苦呢？但是，我今天依然决志效法主而活。回顾主无限的恩典和在世上主活出的典范，我要忍耐到底。

并且你们在大难之中，蒙了圣灵所赐的喜乐，领受真道就效法我们，也效法了主 (帖前1:6)

12.10

我所爱的人啊

我要指示你真实的和平与自由之路。首先，不要按你所愿的，而是按他人所愿的而行。其次，不要选择拥有，而要选择放下；寻找末位，降卑至最低处。最后，渴望并恳求我的旨意成就在你身上。

我所爱的主

通过这一切的教导我看到了主的完全，发现了主良善的旨意。当我信实地遵循主话语的时候，我必不至摇动。超乎万物的主，请施恩于我，让我单单顺服你。请扶持我，让我能进入救恩的窄门。

所以你们要谨守遵行这约的话，好叫你们在一切所行的事上亨通 (申29:9)

我所爱的主

恶念在折磨我的灵魂，如何才可以驱逐这一切恐惧呢？主啊，不要远离我，在这黑暗中速速拯救我。

我所爱的人啊

不要惧怕，我会行在你前面！我将打开狱门，指示你隐秘的事。我必修平崎岖之地，砍断铁闩。

我所爱的主

请消除我里面的一切恶念。我愿全心寻求且等候主。我将一切全然交托主。愿主以祂的话语救活我。

我必在你前面行，修平崎岖之地。我必打破铜门，砍断铁闩 (赛45:2)

12.12

我所爱的人啊

我留下平安给你们，我将我的平安赐给你们。我所赐的，不像世界所赐的。但是看哪，很多人只想得平安，但是不为此做任何努力。

我所爱的主

为了享受这平安，我该如何做？

我所爱的人啊

要谨慎你的一切行为和言语。愿你生命中的一切目的，都成为我的喜悦。愿你单单渴望胜了这世界的我。不要轻易判断他人的行为和言语。不要卷入与你无关的事情中。那么，你心中一切不安的因素，将会慢慢消失。

我将这些事告诉你们，是要叫你们在我里面有平安。在世上，你们有苦难；但你们可以放心，我已经胜了世界 (约16:33)

我所爱的人啊

你愿遇见我吗？那么否认自己吧。你要常与我同在吗？那就当全然舍弃老我和所拥有的一切。你愿领受无限的恩典吗？那么放弃关乎你的一切吧。

我所爱的主

有关老我，我还要否认和放弃多久呢？

我所爱的人啊

要常常否认！常常放弃！我愿显露你的一切，也愿得着你所有意志。不然我怎能得着你呢？你怎能归我所有呢？

因为耶和华必不丢弃祂的百姓，也不离弃祂的产业 (诗94:14)

我所爱的人啊

把你的一切都交给我，然后默默等候我的时间。

我所爱的主

我把我的一切都交于你。我不再担忧明天的事。不焦急，耐心等候主的时间。

我所爱的人啊

就是现在，仇敌魔鬼也设下陷阱在等着你。要警醒祷告，免得入了迷惑。不要自投忧虑的网罗。只要相信我，我会在最好的时间，把最好的赐给你。

你们哪一个能用思虑使寿数多加一刻呢？(太6:27)

我所爱的人啊

不要因为别人比你更被认可而灰心。即使你受到侮辱，也不要陷入悲叹。

我所爱的主

我是抱怨不断且悖逆主的无用之人，所以在这罪人的生命中，有混沌和藐视的事情是应该的，但是无罪的耶稣却受到藐视和弃绝。万王之王耶稣被人当作罪人对待。亲爱的主，我真的遇见你了吗？那么我怎敢在主面前抱怨，怎敢骄傲呢？我唯有厌恶罪。主啊，请怜悯我，让我遇见你。

哪知他为我们的过犯受害，为我们的罪孽压伤。因他受的刑罚，我们得平安；因他受的鞭伤，我们得医治 (赛53:5)

我所爱的人啊

为什么因人的言语而如此悲伤呢？为什么更关注别人的想法而不是自己应该做什么呢？为什么不想在人面前失误，不想被别人指责呢？为什么不承认自己的错误，只想赶快找借口逃到避难所呢？你怕被别人藐视。现在你里面满了让人高兴、被人认可的虚无的欲望和世俗的欲求。你今天依然因所犯的错担心蒙羞，因而逃亡吗？那么，你还未向世界死去！还未彻底降卑下来。

我所爱的主

求你赦免我这个罪人，求你拯救我!开恩帮助我，使我真正向世界死去。

惧怕人的，陷入网罗；惟有倚靠耶和华的，必得安稳 (箴29:25)

我所爱的人啊

你愿与我同行吗？你愿怎样享受这个世界，就要接受多大的苦难，你愿在这世上变得多富裕，就当接受相应的贫穷和缺乏。

我所爱的主

若能与主在一起，我愿意接受任何挑战。我已做好准备，无论何事都以感恩面对。唯愿主从一切邪恶中保护我，不要从我收回主的怜悯。保守我的生命，不要因怕死而背叛主。

…救我们脱离凶恶…（太6:13）

12
·
18

我所爱的人啊

如今你已读完并领悟，就照样去行吧。有了我的命令又遵守的，这人就是爱我的，我也要爱他，并且要向他显现。他在我父的国，必与我同在。

我所爱的主

此时此刻，我决志顺服主的一切话，并承诺直到死，都要背起十字架跟随主，我决志，不以任何事物，只靠顺服来彰显对主的爱。主所喜悦的不是千千的公羊，也不是万万的油河。我相信听命胜于献祭，顺从胜于公羊的脂油。

有了我的命令又遵守的，这人就是爱我的；爱我的必蒙我父爱他，我也要爱他，并且要向他显现(约14:21)

我所爱的人啊

苦难确实是有益的。比起万事顺心时热心服侍的人，我更喜悦在现实困苦中默默忍受且谦卑行事的人。

我所爱的主

我不愿只追求亨通和成功，不愿做只在亨通时高举主名的扭曲的信徒。我愿在现今的苦难中，坚守对主的信心，直到全然得胜。亲爱的主，求你以圣洁的话语熬炼我，让我不断听到主爱的声音，以至于忍受这一切苦难。

他也必坚固你们到底，叫你们在我们主耶稣基督的日子无可责备 (林前1:8)

12·20

凡劳苦担重担的人

可以到我这里来，我就使你们得安息。

我所爱的主

天和天上的天尚且不足迎接主，我一个罪人怎敢到主面前呢？尽管如此，至圣的主今天还是向污秽的罪人恳切呼唤："都到我这里来！"除了主，谁能向全人类呼唤，又接纳罪人呢？亲爱的主，但这世代不回应你呼唤的声音，面对主的恩典没有感恩之心，也不愿离开罪的道路，他们不接受成为人类盼望的主，实在令人哀恸。

我来的时候，为何无人等候呢？我呼唤的时候，为何无人答应呢？我的膀臂岂是缩短、不能救赎吗？我岂无拯救之力吗？... (赛50:2)

我所爱的人啊

要彻底看清你的内心，尽心竭力洁净自己。要吐出一切使你陷入悲愤的罪。要悔改！对日常生活中使你反复跌倒的一切罪要哀恸。要时常到我面前承认，因情欲所犯的一切隐秘的罪。

我所爱的主

我将所有的罪和不法放到赎罪的祭坛上，请用主的爱火来焚烧。求主洗净我的污秽，洁净我的心灵，饶恕我这个罪人。求主恢复因罪而失去的恩宠，以平安的亲嘴来安慰我。

我们若认自己的罪，上帝是信实的，是公义的，必要赦免我们的罪，洗净我们一切的不义 (约一1:9)

12
·
22

我所爱的人啊

这世代看重人的理性胜过看重信心，不断试图以理性代替信心，但你绝不要容忍这些。人的理性很容易被虚谎所欺骗，但真实的信心绝不会被谎言所欺。

我所爱的主

惟有主是伟大的。作为区区被造物的人，怎能测透创造主的伟大呢？如果靠人的理性能理解主的奇妙作为，那就没有人会赞美和高举主的名，也不会高举双手赞美主的伟大。但主超乎一切。以信心度日的众圣徒都将如此呼喊“惟主是伟大的！”

耶和华本为大，该受大赞美；其大无法测度（诗145:3）

我所爱的人啊

你们拿着吃，这是我的身体

我所爱的主

我里面没有一点良善，怎敢迎见圣洁的主？

吃我的肉喝我血的人，住在我里面，我也住在他里面。这是我的肉，拿起来吃。

通过圣餐可以邀请主来到我里面，感谢主赐给我这样的荣耀。只有跟随主的人，才能经历那惊人的恩宠。主以圣餐来恢复因罪而扭曲的美好，坚固我们破碎的灵魂和肉体，并赐给我们行善的能力。常在我里面的主啊，我要一生传扬主所行的一切事。

吃我肉、喝我血的人常在我里面，我也常在他里面（约6:56）

12
·
24

我所爱的人啊

在真理中大胆前行吧，要洁净你的心，寻求我的面。那么，你将从恶势力的攻击中得到保守，从恶人的诽谤中得到自由。真理叫你自由，你必真自由，不会因人虚谎的言语而跌倒。

我所爱的主

只愿主的话语成就在我身上。请将主的真理教导我。让我活在真理中。除了真理，叫我不被任何事物所辖制，使我谦卑的与主同行。

你们必晓得真理，真理必叫你们得以自由（约8:32）

我所爱的人啊

我怜悯这众人。我不愿叫他们饿着回去，恐怕在路上困乏。

我所爱的主

我渴慕主的爱和恩典，他怜悯众人亲自喂饱可怜人。在这世上吃天粮的人，必因主的圣灵而活过来，奔向救恩的道路。主啊，求你可怜我，也赐给我这样的粮食；求主怜悯我，在这奔走天国的路程中，让我不要因疲乏而倒下。此刻，我高举来到这地上成为生命之粮的主，屈膝在他面前，献上敬拜。

…我怜悯这众人；因为他们同我在这里已经三天，也没有吃的了。我不愿意叫他们饿着回去，恐怕在路上困乏 (太15:32)

12
•
26

我所爱的人啊

你知道生活中的一些琐事妨碍你蒙恩吗？回想一下，多少次那些妨碍你信仰的因素，不是又大又重的大问题，而是微不足道的小问题。现在把它一个个除掉且征服吧，那么你将得着向我所求的。

我所爱的主

你说的对。生活中的琐事在拦阻并妨碍我蒙恩。起初认为无所谓的琐事，现在已造成我不知所措的状态，占据了我的生活。主啊，从此我要警醒，不容任何小小的恶在我的生命中。我要一一找出妨碍因素并连根拔出。以敬畏主的心行这些事。

所以我们既得了不能震动的国，就当感恩，照上帝所喜悦的，用虔诚、敬畏的心侍奉上帝（来12:28）

我所爱的主

感谢主，呼召如此软弱又愚昧的我成为主的仆人。请扶持我，使我可以将你交付我的使命担负到底。

我所爱的人啊

仆人的道路决不低俗，必须与世界分别为圣，所以你要尽全力完全再完全。为了在你生命中彰显十字架，要时常默想我的苦难，跟随我苦难的脚踪。要怀着十字架的福音而活。背起自己十字架跟随我的人，不仅哀恸自己和他人的罪，且会怜悯他们。我所爱的仆人啊，你要站在我和罪人之间，不停止你的祷告，直等到他们领受我的恩典。

我却不以性命为念，也不看为宝贵，只要行完我的路程，成就我从主耶稣所领受的职事，证明上帝恩惠的福音 (徒20:24)

我所爱的主

属灵上怎么成长呢？

我所爱的人啊

你若要灵性成熟，就要全心并喜乐地委身于我。要保守己心。不管在试探中，还是在亨通时都要常常感恩。以公义判断所有事情。在任何事上不求自己的益处，只求我的国和我的义。在盼望中要忍耐。那么，就会成为一个成熟的基督徒，勇敢战胜任何逆境，而且你也不会抱怨说“为什么我要经历这苦难？”。你会虚心接受发生在自己身上的一切事，并称颂我圣洁的名，开始行走在真理和平安的道路中。

当你掌权的日子，你的民要以圣洁的妆饰为衣，甘心牺牲自己；你的民多如清晨的甘露 (诗110:3)

我所爱的主

即使你远离我，我也只跟随你。即使无人寻求主，我也要单单寻求。我的盼望，永远救赎我们的主啊，除了你，我不会因任何事物而欢喜，这是我真实的告白，所以请不要远离我，把我抱在主怀里。我不会沉默，也不停止这祷告，直到主施恩于我，应允我为止。

我所爱的人啊

看哪，我在这里，我听到了你的呼求，看到了你的眼泪。你谦卑的心和痛悔的心，还有对我的渴望，把我引到你面前了。

愿你的眼目看顾仆人，听你民以色列的祈求，无论何时向你祈求，愿你垂听 (王上8:52)

12
·
30

我所爱的主

除了不断求主的慈悲，我还能做什么呢？恳请怜恤我，赦免我一切的罪。求你使我恨恶罪恶。我到主面前屈膝并决志不再犯罪。

我所爱的人啊

你对自己要更真实，对自己要更绝望，要全然悔改你的罪，放弃自己的荣耀，要为我的荣耀而活。将你的灵魂体全然交给我，那么，你的生命将更坚固，大胆向善前行。

遮掩自己罪过的，必不亨通；承认离弃罪过的，必蒙怜恤 (箴28:13)

我所爱的主

创造主因爱离开天上的宝座来到地上，舍弃了自己的生命，除了人类哪一个被造物如此被爱呢？这是无法形容的恩典，也是无法测度的爱，是极其圣洁的谦卑！主是起初的又是末后的，我将自己全然献给这样的一位主，将所有的爱献给主。我只愿单单顺服主。真心渴望与主同在。

我所爱的人啊

直到世界的末了，我必常与你同在。

我所爱的主

直到主再来为止，我愿顺服，我愿去爱，我愿传扬福音。主耶稣啊，愿你来！

…我就常与你们同在，直到世界的末了 (太28:20)

PART 2

登山宝训

马太福音5-7章

为了每日过顺从的生活

我的羊听我的声音，我也认识他们
他们也跟着我

请将你人生的方方面面
提升到耶稣所定的标准
准确无误地遵照上帝的旨意而行

1 耶稣看见这许多的人，就上了山，既已坐下，门徒到他跟前来。

2 他就开口教训他们，说：

3 “虚心的人有福了，因为天国是他们的。

4 哀恸的人有福了，因为他们必得安慰。

5 温柔的人有福了，因为他们必承受地土。

6 饥渴慕义的人有福了，因为他们必得饱足。

7 怜恤人的人有福了，因为他们必蒙怜恤。

8 清心的人有福了，因为他们必得见上帝。

9 使人和睦的人有福了，因为他们必称为上帝的儿子。

10 为义受逼迫的人有福了，因为天国是他们的。

11 人若因我辱骂你们，逼迫你们，捏造各样坏话毁谤你们，你们就有福了。

12 应当欢喜快乐，因为你们在天上的赏赐是大的。在你们以前的先知，人也是这样逼迫他们。

13 你们是世上的盐。盐若失了味，怎能叫它再咸呢？以后无用，不过丢在外面，被人践踏了。

14 你们是世上的光。城造在山上，是不能隐藏的。

15 人点灯，不放在斗底下，是放在灯台上，就照亮一家的人。

16 你们的光也当这样照在人前，叫他们看见你们的好行为，便将荣耀归给你们在天上的父。

17 莫想我来要废掉律法和先知; 我来不是要废掉, 乃是要成全。

18 我实在告诉你们, 就是到天地都废去了, 律法的一点一画也不能废去, 都要成全。

19 所以, 无论何人废掉这诫命中最小的一条, 又教训人这样作, 他在天国要称为最小的; 但无论何人遵行这诫命, 又教训人遵行, 他在天国要称为大的。

20 我告诉你们: 你们的义若不胜于文士和法利赛人的义, 断不能进天国。

21 你们听见有吩咐古人的话, 说: '不可杀人', 又说: '凡杀人的, 难免受审判。'

22 只是我告诉你们: 凡向弟兄动怒的, 难免受审判。凡骂弟兄是拉加的, 难免公会的审断; 凡骂弟兄是魔利的, 难免地狱的火。

23 所以, 你在祭坛上献礼物的时候, 若想起弟兄向你怀怨,

24 就把礼物留在坛前, 先去同弟兄和好, 然后来献礼物。

25 你同告你的对头还在路上, 就赶紧与他和息, 恐怕他把你送给审判官, 审判官交付衙役, 你就下在监里了。

26 我实在告诉你, 若有一文钱没有还清, 你断不能从那里出来。"

27 "你们听见有话说: '不可奸淫。'

28 只是我告诉你们：凡看见妇女就动淫念的，这人心里已经与她犯奸淫了。

29 若是你的右眼叫你跌倒，就剜出来丢掉，宁可失去百体中的一体，不叫全身丢在地狱里；

30 若是右手叫你跌倒，就砍下来丢掉，宁可失去百体中的一体，不叫全身下入地狱。"

31 "又有话说：'人若休妻，就当给她休书。'

32 只是我告诉你们：凡休妻的，若不是为淫乱的缘故，就是叫她作淫妇了。人若娶这被休的妇人，也是犯奸淫了。"

33 "你们又听见有吩咐古人的话，说：'不可背誓，所起的誓，总要向主谨守。'

34 只是我告诉你们，什么誓都不可起。不可指着天起誓，因为天是上帝的座位；

35 不可指着地起誓，因为地是他的脚凳；也不可指着耶路撒冷起誓，因为耶路撒冷是大君的京城；

36 又不可指着你的头起誓，因为你不能使一根头发变黑变白了。

37 你们的话，是，就说是；不是，就说不是；若再多说，就是出于那恶者。"

38 "你们听见有话说：'以眼还眼，以牙还牙。'

39 只是我告诉你们：不要与恶人作对。有人打你的右脸，连左脸也转过来由他打；

40 有人想要告你，要拿你的里衣，连外衣也由他拿去；

41 有人强逼你走一里路，你就同他走二里；
42 有求你的，就给他；有向你借贷的，不可推辞。”
43 “你们听见有话说：‘当爱你的邻舍，恨你的仇敌。’
44 只是我告诉你们：要爱你们的仇敌，为那逼迫你们的祷告。
45 这样，就可以作你们天父的儿子，因为他叫日头照好人，也照歹人；降雨给义人，也给不义的人。
46 你们若单爱那爱你们的人，有什么赏赐呢？就是税吏不也是这样行吗？
47 你们若单请你弟兄的安，比人有什么长处呢？就是外邦人不也是这样行吗？
48 所以你们要完全，像你们的天父完全一样。”

马太福音6章

1 “你们要小心，不可将善事行在人的面前，故意叫他们看见；若是这样，就不能得你们天父的赏赐了。
2 所以，你施舍的时候，不可在你前面吹号，像那假冒为善的人在会堂里和街道上所行的，故意要得人的荣耀。我实在告诉你们，他们已经得了他们的赏赐。
3 你施舍的时候，不要叫左手知道右手所作的；

4 要叫你施舍的事行在暗中，你父在暗中察看，必然报答你（有古卷作“必在明处报答你”）。”

5 “你们祷告的时候，不可像那假冒为善的人，爱站在会堂里和十字路口上祷告，故意叫人看见。我实在告诉你们，他们已经得了他们的赏赐。

6 你祷告的时候，要进你的内屋，关上门，祷告你在暗中的父。你父在暗中察看，必然报答你。

7 你们祷告，不可像外邦人，用许多重复话，他们以为话多了必蒙垂听。

8 你们不可效法他们，因为你们没有祈求以先，你们所需用的，你们的父早已知道了。”

9 “所以，你们祷告要这样说：‘我们在天上的父，愿人都尊你的名为圣。

10 愿你的国降临。愿你的旨意行在地上，如同行在天上。

11 我们日用的饮食，今日赐给我们。

12 免我们的债，如同我们免了人的债。

13 不叫我们遇见试探，救我们脱离凶恶。因为国度、权柄、荣耀，全是你的，直到永远。阿们。’”

14 “你们饶恕人的过犯，你们的天父也必饶恕你们的过犯；

15 你们不饶恕人的过犯，你们的天父也必不饶恕你们的过犯。”

16 “你们禁食的时候，不可像那假冒为善的人，脸上带着愁容，因为他们把脸弄得难看，故意叫人看出他们是禁食。我实在告诉你们：他们已经得了他们的赏赐。

17 你禁食的时候，要梳头洗脸，

18 不叫人看出你禁食来，只叫你暗中的父看见。你父在暗中察看，必然报答你。"

19 "不要为自己积攒财宝在地上，地上有虫子咬，能锈坏，也有贼挖窟窿来偷；

20 只要积攒财宝在天上，天上没有虫子咬，不能锈坏，也没有贼挖窟窿来偷。

21 因为你的财宝在哪里，你的心也在那里。"

22 "眼睛就是身上的灯。你的眼睛若了亮，全身就光明；

23 你的眼睛若昏花，全身就黑暗。你里头的光若黑暗了，那黑暗是何等大呢！"

24 "一个人不能侍奉两个主。不是恶这个爱那个，就是重这个轻那个。你们不能又侍奉上帝，又侍奉玛门"

25 "所以我告诉你们：不要为生命忧虑吃什么，喝什么，为身体忧虑穿什么。生命不胜于饮食吗？身体不胜于衣裳吗？

26 你们看那天上的飞鸟，也不种，也不收，也不积蓄在仓里，你们的天父尚且养活它。你们不比飞鸟贵重得多吗？

27 你们哪一个能用思虑使寿数多加一刻呢？

28 何必为衣裳忧虑呢？你想：野地里的百合花怎么

长起来；它也不劳苦，也不纺线；

29 然而我告诉你们：就是所罗门极荣华的时候，他所穿戴的还不如这花一朵呢！

30 你们这小信的人哪！野地里的草今天还在，明天就丢在炉里，上帝还给它这样的妆饰，何况你们呢！

31 所以，不要忧虑说：‘吃什么？喝什么？穿什么？’

32 这都是外邦人所求的。你们需用的这一切东西，你们的天父是知道的。

33 你们要先求他的国和他的义，这些东西都要加给你们了。

34 所以，不要为明天忧虑，因为明天自有明天的忧虑；一天的难处一天当就够了。”

马太福音7章

1 “你们不要论断人，免得你们被论断。

2 因为你们怎样论断人，也必怎样被论断；你们用什么量器量给人，也必用什么量器量给你们。

3 为什么看见你弟兄眼中有刺，却不想自己眼中有梁木呢？

4 你自己眼中有梁木，怎能对你弟兄说‘容我去掉你眼中的刺’呢？

5 你这假冒为善的人！先去掉自己眼中的梁木，然后才能看得清楚，去掉你弟兄眼中的刺。

6 不要把圣物给狗，也不要把你们的珍珠丢在猪前，恐怕它践踏了珍珠，转过来咬你们。”

7 “你们祈求，就给你们；寻找，就寻见；叩门，就给你们开门。

8 因为凡祈求的，就得着；寻找的，就寻见；叩门的，就给他开门。

9 你们中间谁有儿子求饼，反给他石头呢？

10 求鱼，反给他蛇呢？

11 你们虽然不好，尚且知道拿好东西给儿女，何况你们在天上的父，岂不更把好东西给求他的人吗？

12 所以，无论何事，你们愿意人怎样待你们，你们也要怎样待人，因为这就是律法和先知的道理。”

13 “你们要进窄门。因为引到灭亡，那门是宽的，路是大的，进去的人也多；

14 引到永生，那门是窄的，路是小的，找着的人也少。”

15 “你们要防备假先知，他们到你们这里来，外面披着羊皮，里面却是残暴的狼。

16 凭着他们的果子，就可以认出他们来。荆棘上岂能摘葡萄呢？蒺藜里岂能摘无花果呢？

17 这样，凡好树都结好果子，惟独坏树结坏果子。

18 好树不能结坏果子，坏树不能结好果子。

19 凡不结好果子的树，就砍下来丢在火里。

20 所以，凭着他们的果子，就可以认出他们来。”

21 “凡称呼我‘主啊，主啊’的人，不能都进天国；惟独遵行我天父旨意的人，才能进去。

22 当那日，必有许多人对我说：‘主啊，主啊，我们不是奉你的名传道，奉你的名赶鬼，奉你的名行许多异能吗？’

23 我就明明地告诉他们说：‘我从来不认识你们，你们这些作恶的人，离开我去吧！’”

24 “所以，凡听见我这话就去行的，好比一个聪明人，把房子盖在磐石上。

25 雨淋，水冲，风吹，撞着那房子，房子总不倒塌，因为根基立在磐石上。

26 凡听见我这话不去行的，好比一个无知的人，把房子盖在沙土上。

27 雨淋，水冲，风吹，撞着那房子，房子就倒塌了，并且倒塌得很大。”

28 耶稣讲完了这些话，众人都希奇他的教训，

29 因为他教训他们，正像有权柄的人，不像他们的文士。

behold

与登山宝训一同默想的
效法基督365

首次印刷 • 2024年9月1日
首次发行 • 2024年9月10日

著　者 • 托马斯·厄·肯培
编　辑 • 看哪
翻　译 • JCM耶选

发行者 • 看哪
登　记 • 2019年8月2日第409-2019-000037号
地　址 • 大韩民国京畿道金浦市月串面 古幕里333-2龍B-2
电　话 • 070 4116 4550
电　邮 • beholdbook@daum.net
网　址 • www.instagram.com/beholdbook

定价 90元

산상수훈과 함께 묵상하는
그리스도를 본받아 365 (중국어판)

초판인쇄 • 2024년 9월 1일
초판발행 • 2024년 9월 10일

지은이 • 토마스 아 켐피스
엮은이 • 비홀드
옮긴이 • JCM예선

발행처 • 비홀드
등　록 • 2019년 8월 2일 제409-2019-000037호
주　소 • 경기도 김포시 월곶면 용강로57번길 86 B동 2호
전　화 • 070 4116 4550
이메일 • beholdbook@daum.net
인스타그램 • www.instagram.com/beholdbook

ISBN 979-11-93179-11-6 (03230)
값 18,000원

로고를 사용하도록 허락해 주신 어린양교회에 진심으로 감사드립니다.